遥远的童年

刘慧东 著

文化藝術出版社
Culture and Art Publishing House

图书在版编目（C I P）数据

遥远的童年 / 刘慧东著. -- 北京 : 文化艺术出版社，2016.12

ISBN 978-7-5039-6194-6

Ⅰ. ①遥… Ⅱ. ①刘… Ⅲ. ①短篇小说－小说集－中国－当代 Ⅳ. ①I247.7

中国版本图书馆CIP数据核字（2016）第307624号

遥远的童年

著　　者　刘慧东
责任编辑　张月峰
书籍设计　戈　人
封面题字、插　图　吕小二
出版发行　文化艺术出版社
地　　址　北京市东城区东四八条52号　（100700）
网　　址　www.whyscbs.com
电子信箱　whysbooks@263.net
电　　话　（010）84057666（总编室）　84057667（办公室）
　　　　　（010）84057691—84057699（发行部）
传　　真　（010）84057660（总编室）　84057670（办公室）
　　　　　（010）84057690（发行部）
经　　销　新华书店
印　　刷　北京荣宝燕泰印务有限公司
版　　次　2017年9月第1版
印　　次　2017年9月第1次印刷
开　　本　787毫米×1092毫米　1/16
印　　张　7
字　　数　60千字　图片约50幅
书　　号　ISBN 978-7-5039-6194-6
定　　价　42.00元

5岁篇

六岁之前我一直生活在一个叫山亭的小镇，父母都在山亭医院上班，我们家就在医院后面的家属院里。家属院一共四排青砖瓦房，没有院墙，每户人家的生活几乎都是公开的，夫妻吵架、孩子挨揍、谁家娶媳妇、谁家死人了，根本无需传达，就立刻在所有人面前现场直播了。到了夏天，家家都到外面吃饭，夜里铺凉席睡在门口，一眼望去，难民营般壮观。那时还没听说过电视，大家都不富裕，业余生活也单调得很，而我却一直觉得那要算我人生中最快乐最传奇的一段时光了。

观，父亲手持风筝，庄严高呼：放！我立刻拽着线轴狂奔，许是“鲤鱼”喜水，不大适应天空，一脱离父亲的手便一头扎到了地上，我更不敢松懈，置身后父亲的叫喊于不闻，拼命往前飞跑，那可怜的“鲤鱼”就磨着地皮跟我跑出了半里路，直至被磨得稀烂。

自制一弹弓，苦于无目标，遂对着鸡窝射击，一个余温尚存的鸡蛋被我准确地击碎。正得意间，忽见一母鸡低头啄起里面的蛋黄，此等有违伦常之举把我激怒了，冲过去一脚将母鸡踢开：“傻×，什么都吃！”

几年来一直都是在女澡堂里洗澡，自觉乃天经地义。某日此特权突然被母亲以莫须有的原因禁止了，我很是想不通，坐地嚎哭，终获解禁。

然数日后再次遭禁，从此与女澡堂无缘。那时只觉天地无光，人生寂寥，似乎一下子遭天底下所有女人抛弃。被父亲拖进臭气熏天的男澡堂那一刻，我可真的是不想再活了。

家属院里家家养鸡，小鸡跑错了窝的事时有发生，于是每家都在鸡屁股上染上颜料，以示区分。有人说给老母鸡灌酒，酒醒了它就会把买来的小鸡们当亲生子女般照顾，母鸡散步时，小鸡们也会形影不离地跟着。母亲也去取经，回家后如法炮制，怎奈没经验就是没经验，酒灌得太多，导致家中德高望重的老母鸡当场醉死。

晚餐吃的自然是红烧鸡块，我因吃得太多，饭后竟跌跌撞撞，神志不清，一觉睡到次日中午。

夏日午后，一人坐在寂静的大院玩耍，突飞来一石子，正中裤裆，疼痛难忍，睾丸登时肿成了乒乓球。母亲深恐殃及我将来的爱情与生育大计，怒不可遏地拎着趔趄的我到各家去认凶，看是不是对方家的孩子干的。

及至今日，此事仍是悬案。

杨树落叶后会长出杨花，其后结出果实，状若毛虫，俗称咕咕毛。每至此节，各家各户都会用竹竿将咕咕毛打下，放到锅里蒸，加佐料少许，乃绝佳美味。不过此物吃多了会便秘，每至清晨，公共茅房里就开始了呻吟比赛，一墙之隔男女两边也是遥相呼应，犹如赛歌会。

因相貌出众狡猾可喜，我成为医院职工们戏耍的首选，每当我来到门诊或病房，他们往往忽然现身，捉住我，扒下我的裤子，让我当众露点，引发哄笑一片。后来逐渐发展成每人见了我都会来这么一手，令我一到门诊病房附近就草木皆兵。一次我被一女护士揪住，她没有扒我的裤子，而是把一块牌子挂在到我的脖子上，说写的是“潘冬子”，让我展示给大家看。我乐得其所，挂着牌子满院里炫耀，谁见了谁都笑得弯下腰去。母亲闻听赶来，摘下牌子，狠狠给了我一记耳光。

后来才知道那块牌子上写的是：大精腚。

及至二十几岁仍有人叫我这个外号。

和小伙伴玩捉迷藏，不知怎么就冲进了妇产科，正逢一个婴儿从母体内脱颖而出，一瞬间让我明白小孩子根本不是父亲从红薯地里捡来的，也不是从母亲胳肢窝里拽出来的，而是被母亲拉屎一样拉出来的。从此，我的人生多了一层忧郁。

一个下午，在防震棚里和邻居小女孩玩过家家，当演至生孩子一幕时，为求真实我扒下了她的裤子。此事在全院传开，我遭到父亲痛殴，若非母亲及时赶到，必命丧父亲的大手之下。自此我们和邻居两家讳莫如深，老死不相往来。

你玩过这种游戏吗？两排人面对面相隔十几米，一方冲着另一方大喊："你们要求什么人？"另一方回答："我们要求谁谁谁！"被喊到名字的人就要往对方手拉手连成的封锁线里冲，冲破了算赢，可抓一个人回自己阵营；冲不破就被对方俘虏，归入对方阵营。

从小痛恨孤独的我，认为这是天底下最好玩的游戏。有一次几乎所有家属院的孩子都到了，三十多人互相叫嚣着，那简直就是一场战争，热闹死了。大人纷纷过来叫吃饭，嘿嘿，没一个去的。

终于等到对面喊出我的大名，我把唾沫吐在手心，高喊一声朝着敌人冲去。当我冲到对方的人墙时，发觉对方根本就没把手拉紧，我箭一般从人墙冲了出去，直冲到家属院的一户人家，门被撞开了，"哗啦！"门上的玻璃被我撞碎了。

我跪坐在地上，后脑勺被玻璃扎出了血，在扯人墙时故意松开手的邻居三强扬着下巴看着我，一脸得意。半个月前我曾在防震棚里亲自为他四岁的妹妹"接生"，看来这小子今天是"报答"我来了。

医院门口的公路上经常可以看到拖拉机，汽车很少，每见到了汽车，我和小伙伴们就会站到公路上冲迎面开来的汽车大嚷："汽车来了我不怕，我跟汽车打一架，打得汽车喊爸爸！"

为了出风头，多疯狂的事我都敢做，我会选择在汽车驶过来只有五六米的时候猛得站到公路中央，以听到车子在眼前咫尺间急刹车为荣，且屡试不爽，司机大骂着开门下车，我们立刻狂笑着胜利大逃亡。

母亲在药房上班，某日受人启发，将装药的瓦楞纸箱泡湿、捣碎，加米糨糊等放进模具，轧制、晾干，做成纸盆纸缸，外贴彩纸，可盛米盛面盛针头线脑，美观又实用。此事传开，人人效仿，引发全院DIY热。母亲成了风云人物，四处传授经验指导工作，我也狐假虎威目光炯炯地跟着，威信攀升，遂与小伙伴拉帮结伙，好不自在。那段日子里，整个医院上下都弥漫着浓郁的泡纸浆的酸臭气味。

后来上级说废纸箱属公共财产，母亲因此受了处分，纸盆也因容易生虫不防潮令大家渐渐失去了兴趣。我也恢复了往日的孤独，整日一人在院子里闷不作声哼哧哼哧地摔纸元宝。那帮小伙伴们再见了我，看都不看我一眼。

父亲在山亭医院很有名，他研制了一种狗骨针剂，治疗关节炎很有效，远销全国，引来患者感谢信上万封。一天他收到一封日本女子的来信，里面夹有两张彩照，是在黑白照片上染彩色颜料的那种。父亲拿着照片给同事看，同事们都说日本小姑娘长得很漂亮，可惜过早当上了妈妈，看她后腰上绑着个小被子，那一定是为孩子换的尿布。

一连数日，母亲莫名地不跟父亲说话，连吃饭给我们盛汤也绷着个脸，傲得都不是她了。

某日下午，父亲终于顿悟，三下五除二将那张彩照从墙上的镜框里取出。

吃饭时大姐聊起在集市上看到有人从口袋里掉出二分钱，她的同学立刻就把那钱踩住，直到丢钱人走了，二分钱就归了她同学了。第二天下午我在药房的窗口就碰到了同样的事，人们在排队买药，一个闪亮的五分大币滚落到我的脚边，我立刻懵了，一股气流直顶我的大脑，经过剧烈的思想斗争，我终于镇定下来，稳稳地把五分钱踩住。当时流行性感冒正风靡全镇，药房的窗口始终排成长龙，我根本没胆子低头去捡那五分钱，就一动不动站了整整一个下午。

后来钱被父亲没收，我也得了感冒，全家皆被传染。

一次路过门诊，不小心被刚从卫校毕业的医生三祥抓住了，他没有扒我的光腚，而是逼着我叫他爸爸。他才不过十八岁，还不到父亲年龄的一半，我叫他爸爸？啊——呸！我往死里挣扎，没用，不叫爸爸他就不放开我。我急了，放声大喊："三祥和李凤兰相好！三祥和李凤兰相好！……"这一下三祥傻在了那里，一走神让我给挣脱了。我还不罢休，满院里飞跑着把这句话喊了个溜够，几乎所有听到的人都愣在了那里，震撼不已。哈哈哈，这可让我太解气了。

李凤兰是新来的小护士，她和三祥前几天晚上墙根底下拉手让我看见了，我认为那就是相好。在我们那里相好其实是通奸的意思。我这一爆料，三祥和李凤兰朦胧的爱情算是彻底报废了。

没出一个月，三祥和李凤兰就先后调离了山亭医院，看来也是因为我这张毒嘴。母亲每说到此，气得冲我抬手就是一巴掌。直至今日，我左耳的听力一直不好。

那时看场电影要比春节还重要，电影就是 100 分钟的共产主义社会，100 分钟内电影高于一切。镇上的电影院就是一个大坑，平时里坑内充斥着垃圾乱石，甚至人的粪便。可一旦有电影了，那里就是所有人的伊甸园。听说要放电影，我一早就扛着五个凳子去占窝，可还是去晚了，占到的位子很偏。父母并没责怪我，因为到了晚上我往后再一瞧，娘啊，身后陡然多了六十多排，黑压压看不到尽头，整个大坑坐了不下上万人，用二姐的话说连外国人也扛着板凳赶来了。

上万人在冬夜的大坑里从七点一直等到了十二点，执着地盯住那块白布不放，生怕错过了工农兵三座雕像缓缓转过身来的神圣一刻，可电影却迟迟没有开始。我要“大号”，可整个大坑无立锥之地，根本走不出去，母亲让我就地解决。当着上万人排泄，可委屈死我了。不过这属于特殊情况，为了电影一切都是合理的。试问，人生自古谁无屎？王侯将相，宁无屎乎？！

渐渐地，各种八卦在人群中弥漫：“片子马上就到了！”“等也白等，今晚肯定是可能性不太大了！”“驮片子的拖拉机坏了，刚刚修好！”“放不成了放不成了！放映员路上被人劫了！”“中央下文了，这片子看死了不少人，要禁止呢！”……

有人撑不住了，扛着板凳踩高跷般往外走。然大多数人不为所动，原地待影，二姐还造作地写起了作业，我则缩在母亲怀里睡着了，不过事先已提醒了她 46 遍一开演就要叫醒我。

及至午夜两点半，大坑最中央的一盏外罩铁丝笼的二百瓦大灯泡“唰”地亮了，我也被一浪高过一浪的呐喊声吵醒了。接着电影就不可思议地开演了，并非传说中的《朝阳沟》，而是最新的彩色战争悲情巨片《洪湖赤卫队》。意外的惊喜那才叫真正的惊喜呢！不少人在电影刚开场韩英划船的时候就激动地哭了：“小浪娘的，可来了！”

我更不例外，哭得梨花带雨，鼻涕拿碗接。在零下几度坐了一整天，终于赶上了一部彩色的、打仗的、打累了还带唱歌的，实在是忒不容易了、忒幸福了！

再看看二姐，小小年纪竟在父亲怀里打起了呼噜，任父亲怎么叫也睁不开眼皮。哈哈哈哈哈哈，抱憾终生吧你就！

20163.29上 人生自古谁无屎?
王侯将相.宁无屎乎?!

那次被父亲痛揍了一顿后，我记仇了，半个多月都没理他，有时他伸手想像往常摸一把我的后脑勺，均被我身子一缩灵巧地闪过。后来他病了，没食欲吃不下饭，只能躺在床上打点滴。母亲命我在家照看他，我不好意思进屋，就坐在门口，不时瞥一眼屋里。父亲把别人送的点心匣子拆了，招呼我吃，我也不理，闷头玩着用木线轴、蜡头和皮筋做的坦克车。父亲远远地看着坦克车在爬行，讨好地编了首“小呀么小坦克……”怪腔怪调地唱个没完。我终于忍不住了，一笑差点被鼻涕给呛着。抬头望了会儿太阳，心里有了个念头，这念头令我热血沸腾，发疯地往母亲的药房跑。

我问母亲要了五分钱，跑到镇上的供销社买了块山楂糕，那时的山楂糕水分很足，颤颤巍巍地很像豆腐，好心的女店员称好一大块后，又饶给我拇指大的一小块，用马粪纸包好。我坐在台阶上，用最漫长的时间把那一小块吃完，然后往家跑。供销社和山亭医院之间有条砂土路，我在穿越时一辆运煤的驴车从后面驶来，把我吓了一跳，山楂糕掉到了地上。

我蹲在路边，把粘在山楂糕上的草棒和砂粒细细地摘干净。

当我捧着山楂糕递给父亲时，父亲迟疑了很久才把像是被鸡啄过的山楂糕接了过来，他低头呼噜呼噜吃着，不时把嘴里的砂粒吐到地上，噗噗声不绝于耳。他吃得满眼是泪，吃剩的另一半捧在手上像一摊烂泥。他突然抬起头来，把山楂糕伸向了我。

我明白他那是跟我客气，忙笑着摇了摇头，缩得远远的。

父亲奉命去北京某医专进修一年，想家想得快疯了，就旷课坐上了回家的火车。车上父亲的裤子后兜被小偷割开了，钱和车票都没了。他中途被列车员赶下车，穿着露屁股的裤子步行了二百里才回到家。到家的时候是清晨，他没顾上跟母亲说话倒头就睡，整个白天我们只能听着他的鼾声偷偷打量他满是油污的脸。

为了不让领导发现，父亲决定当天夜里赶回去，母亲从被窝里拽我，叫我跟父亲说句话，可我就是睁不开眼。父亲匆匆地走了。其实我一直醒着呢，不知怎的就是不愿意面对他。

父亲在漆黑的寒夜里孤独地行进着，我却在被窝里哭着哭着睡着了。

7岁篇

六岁那年，我们家从山亭医院搬到了城里的药检所宿舍，对城市生活我们好长一段时间都难以适应，以往两个姐姐上学都是大人带着往教室里一搁，再回头跟老师打个招呼就行了。到了城市才发现上学要报名登记。我到了入学年龄，父亲给我报了一个离家最近的跃进路小学，后来又听说另一家东方红小学更正规一些，再去改报东方红时，人家已开学了。父亲决定用先斩后奏的老办法，把我硬塞进教室。可那天父亲有几个病人要看，就把这个任务交给了姨父。我姨父倒是很负责，到了学校先问清哪个是一年级，再看看哪个班的学生身上衣服干净些（衣服干净了，学生的素质自然就高嘛），就把其中两个学生拨开，让我坐到中间和他们俩共同分享两个凳子，然后跟我招招手就走了。

那时教室不够，一二年级要等到三四年级下课了才能进教室，操场上他们坐在各自从家带的凳子上自习。整个操场上都是一二年级的学生，足有上千人，乱成一锅粥。那场面令我无比震撼，深感曾一度引以为荣的山亭医院是那么的渺小，再加上坐着别人的凳子，我局促地一动也不敢动。不久女班主任来了，她教了大家一会儿拼音后才注意到我。她也许从未见过像我这么呆的瓜，惊愕地望着我，问我是谁？是怎么进来的？这不是废话吗！我才七岁怎么可以回答这么复杂的问题，这不是欺负人吗，我哇哇大哭。

黄昏时父亲来接我，班主任告诉他没有正规手续我不能入学。父亲不管那一套，第二天又把我塞进了学生队伍，这次他给我带了一个小板凳。如此下去一连四天，我终于进了东方红小学。

冬天教室里像冰窖，冻得同学们忍不住跺脚，跺着跺着就跺出了节奏和声势，气得老师常常蹲在地上歪着脑袋察看是谁的脚，找出来就到外面罚站，我常常在这时候故意使劲跺，因为在外面罚站至少可以晒到太阳。

课间，大家最爱玩一种“挤加油”的游戏，两队人抄着袖筒贴着墙，嘴里喊着号子“挤加油了，嗨！”一齐往中间挤，带头的用肩膀扛对方，谁被扛出墙外就加入队尾重新再挤。有点集体相扑的意思。常常是一个大力士就可以把另一队人从头到尾多米诺骨牌似地挤开，场面甚是壮观，更可以达到取暖的作用。

女同学不好意思玩这个，就扔沙包，拼命地跑过来跑过去，也会暖和许多。实在冷得不行了，就只有跳着脚冲着太阳喊：“太阳太阳毒毒滴，把俺晒得热乎滴！”

有人送了父亲一只安哥拉长毛兔，二姐每天上学放学都到野外薅草来喂它。兔子长大后，母亲剪了兔毛卖给收购站，二姐就有了自己的零花钱。她的作文《一看到它，就想到了安哥拉人民》还在学校获了二等奖，宿舍的人皆夸二姐勤劳又懂事……

一次家里来了贵客，母亲苦于没钱买菜，就把那只兔子炖了。结果姐姐坐在院子里仰天嚎哭了整整一天，直哭得天地为之动容，日月为之黯然，其凄惨程度足以令窦娥孟姜女等人在天堂庆幸地窃喜不已……

那位客人很羞愧，边打着兔味十足的饱嗝，边准备连夜出门去买兔子，被父母死死拉住……

上自习课，母亲突然站到了教室外，冲我比划着。原来她的钥匙丢了，问我要家里的钥匙。她的样子惹得同学嘿嘿直笑，身旁的女同学不断提醒我你母亲来找你了。我也不知是哪根弦搭错了，竟冲着母亲脱口而出：“滚！”

虽然当时母亲并没有听清，我却一直后悔至今。

学校开运动会，两天不用上课，我和伙伴从窗户翻进了教室，拿着粉笔在黑板和课桌上乱画一通。正碰上漂亮的女学习委员来教室取东西，我可是那种为了在女孩面前出风头连命都可以不要的浑人，抬起一脚就把第一排的课桌踢倒了。伙伴也不示弱，踢倒了另一张桌子。我们俩就这么比着踢起来，不一会儿满屋就已人仰马翻了。我要女学习委员发誓不许告密，她怯懦地点了点头。

第二天一早我刚进教室就被班主任拧着耳朵拎上了讲台，我狠狠瞪着女学习委员，她则一脸的无辜。不管老师如何逼问，我就是不承认桌子是自己弄倒的。老师最后气得冲我吼道那为什么整个教室里就只有你自己的桌子是立着的?！

靠，我咋就没想到捏?

俗话说七岁八岁狗也嫌。七岁也是我挨父亲揍最多的时候，那时候我几乎一眨眼就是一个坏主意，一抬手就会惹大祸，简直无可救药。一次我被父亲揍得鬼哭狼嚎，平时此刻一向来护驾的母亲也不劝父亲，反而用样板戏一样的姿势指着我的鼻子大嚷道你、你、你就是莱昂休！

我边哭边纳闷，莱昂休究竟是个大猩猩还是什么别的玩意儿。后来才明白莱昂休是巴西电视剧《女奴》里的头号反面人物，一肚子的坏水。当时《女奴》热播，全国人民一提起莱昂休，无不义愤填膺，人人得而诛之。了解了这一切，我好一似凉水浇头怀里抱着冰，完了，看来善良的母亲已对我彻底绝望了。

此后二姐没事就叫我莱昂休，可把我气坏了，一路追着叫她莫妮卡，直到把她叫哭为止。

由于调皮，我被多次调换座位，也就有了很多女同桌，颇有点韦小宝的感觉。不过大多数女同桌都看不起我，彼此除了翻白眼再没别的交流。有一个女同桌对我最好，我至今还记得她的名字，她叫黄晓莉，不爱说话，很少笑，却格外关心我，曾多次帮我做作业。她把自己的图画书借我看；送我一大块粉红色的香橡皮；从家里给我带各种花花绿绿的零食；用夹竹桃给我染红指甲，把家里的中华烟拆了，里面的香烟扔掉，独留下烟纸给我叠烟牌；就连我上课尿了裤子也是她举手向老师报告的。很多男生说她是我媳妇，她也毫不介意。渐渐地，我跟我媳妇的事连不少老师都知道了，都暗笑，并不制止。我也不知道是自己的什么魅力吸引了她。

十四年后，为支持北京申办奥运会，我突发奇想，和一个朋友从家乡骑自行车到北京，一路上在各大高校搞万人签名活动。沿途中我们来到泰安的一个什么学院搞签名，却遭到学生会的拒绝，我们悻悻离去时一个女孩叫住了我，她竟喊出了我的名字。她正是黄晓莉，在这所学院里念书。她认出了我，我却认不得她了，我“媳妇”已被岁月这个魔术师彻底脱胎换骨了，那俏丽的脸蛋吹弹可破，一双无邪的美目莫可逼视，瘦削的肩膀给人拥抱的冲动。她依旧不爱笑，说话还是那么恳切，给人以自家人的错觉。她要请我俩吃饭，还打算把我们安排在男生宿舍里，住一晚上明天再走。我却窘得不行，支支吾吾地谢绝了她。她追上来把家里的地址电话留给我，不过那纸条后来被我给弄丢了。

那时候学校里起外号成风，一个班五十个学生，至少三十人都有外号，班主任点名要是都念外号你说该有多好玩啊！从小到大我的外号数也数不清，最气人的要算被人叫“嘎子”了（“嘎”，读二声。并非小兵张嘎的嘎子，而是我们当地的俚语，指男性生殖器），这是二年级的好事者给我起的，也不知这孙子哪来的灵感，一嗓子喊出去就这么在全校里叫开了，同学们甚至都忘了我的真名，一进教室就高喊：“嘎子，今天该你擦黑板了！”“嘎子，老师叫你到办公室去一趟！”“嘎子，就你数学作业没交，快点！”一般情况下我都概不搭理，好心的女同桌就用胳膊肘捣我：“嗨，叫你呢！”

堂堂男子汉，竟被人拿男人裤裆里的东西当外号，可把我郁闷坏了，这外号令我的整个小学时光都抬不起头来。伙伴向文也比我强不了多少，整日愁眉紧锁，因为他被人叫做“大腚帮子”，这也有点冤，他家里穷，老穿他父亲的大肥裤子，本人的屁股其实并不大。我和向文放学一块走，谁敢叫我们外号我们立刻就骂谁。我骂人毒可是远近闻名的，可以即兴地把对方的三亲六故和一些最最不堪入耳的词奇妙地组合在一起，句句直奔下三路，半个小时不带重样的。我最经典的一句骂人话就是：“叫你娘连蹿带跳”，虽不合逻辑，骂起来却格外解气。对方被骂急了，跑过来抓我，我的逃跑功夫更是一流，可以在车水马龙的马路上横行如飞，经常擦着车头或车尾箭一般掠过，令追我的人在马路对面站着干瞪眼。

那时人们看电影都是喜怒皆形于色，从不抑制情感的宣泄，不似现在人这么矜持。《摩登时代》上映时那全场惊涛骇浪般的笑声至今记忆犹新。要是放战争片，每逢大部队来了，冲锋号一吹，全场顿时掌声如雷，很多人会情不自禁地站起来，令后排看不见的纷纷叫骂，这阵势如今也就戛纳电影节的首映礼上才可一遇。要是碰上了悲剧电影，则全场哭声一片，排山倒海一般，绝不含蓄。

一次跟母亲看越剧《红楼梦》，因为没有渴盼的打仗场面我看着看着睡着了，后突被全场呼天抢地的哭声吵醒，见大家在影院里哭得前仰后合死去活来，甚觉恐怖。

姥姥都是在农村的大坑里看露天电影，第一次进城看电影放的是《卖花姑娘》，她搞不清座号，一见检票员就问："同志，你说我该到哪里哭去？"

《排球女将》风靡中国，二姐更是迷得不行，梳小鹿纯子头，学姚锡娟说话，管家里的安哥拉长毛兔叫拉比；每天都跑步上学，跑的时候还故意将左右拳头高举到眼前，嘴里喊着"一、二！一、二！"；日记里记满了密密麻麻的日语歌词："逮妈你妈拉鸭逮，刀来，拿古驴……"

母亲喊她吃饭，她那边接着就是一嗓子："嗨——！"

一见我，二姐就煞有介事地瞪起眼："白富士队一定会赢的，拿到了冠军我们就可以参加奥运会了！我说得对吗，花子？"（花子就是白富士球队里那个又胖又丑又笨的队员）。

我赶紧点头："嗯，那样的话你就可以见到你的亲生妈妈了！"

话音未落，父母同时放下饺子皮过来追我，逼得我也摆出小鹿纯子的跑步姿势满院子里逃窜。

学校离家远，走着去嫌累，就寻思搭车。我搭过不少次邻居的自行车，见他们出门上班，马上甜甜地叫叔叔，得到允许后，一个垫步拧腰就飞身窜上了后座。没自行车就搭驴车，一见有驴车，不管是不是上坡，立刻跑过去帮着卖力推，车主笑着朝我一招手，我赶紧一个箭步窜上车和他并排而坐，路上若遇到班里女生，伟人检阅般朝她们招手，那多大势力！

我最拿手的要算扒拖拉机了，技术勘与铁道游击队媲美，手扒着后厢板就这么吊死鬼般一路吊着，都过了学校了还不想下来。不过碰到拉煤的拖拉机就相当艰苦了，弄得一脸都是煤灰，回到教室座位上一抖头发，课桌上啪啪直响，全是煤渣。站起身，把衬衫从裤子里拽出来，嗬，溅得满地都是。

实在没什么车可搭了，也尝试骑过狗，宿舍传达室的“大黑”跟我关系不错，有时可以无怨无悔地把我驮出四五米远。后来听人说骑狗烂裤裆，我再也不敢骑了，大黑一度很是失落。

最大的乐趣要数逗残疾人了。一碰见瞎子，我们几个同学就逐个儿牵着他的小棍给他瞎指道，看着他一会儿撞树一会儿踩水坑，我们几乎笑岔了气。一次一个老瞎子竟被我们捉弄得坐在地上嚎啕大哭，叫嚷着天理何在云云。没办法，老家伙素质差，忒不经逗了。

逗哑巴比逗瞎子更刺激，只要一看到住在我家不远处的那个哑巴，我们就冲着他比划那种最毒的骂人手势，引得他瞪着冒火的眼睛举着砖头追来。那手势具体什么涵义我现在也不清楚，反正只要那手势一出现，他必无一例外地拍马追来，我们就没命地疯跑，从来没被他抓着过。

一次放学后我在刚收割完的玉米地里捉蚂蚱，玩累了就坐田边休息，一回头见那个哑巴就坐在旁边，他认出了我，并没生气，竟冲我笑着摆手，还把手里的水壶递给我，就这样我们成了朋友。我们用手势比划了很久，虽然都没怎么懂彼此的意思，但依然很投机，一直比划到天黑。最后他在我的作业本上写了三个字，我只认识前两个，一个是“做”，一个是“人”。

回到家我拿出本子给母亲看，她告诉我那是个“难”字。

夏天公路上有很多蜻蜓，到处乱飞，跟战败的敌机似的。二姐没事就扛着大竹扫把带着我捉蜻蜓。她高举着大扫把当街而立，怒目圆睁，国旗手般威严。一碰到蜻蜓迎面飞来，大扫把当头盖下，蜻蜓十有八九飞入扫把的缝隙之中，她蹲下小心地把蜻蜓捉住，把两对透明的翅膀叠起，含在嘴上，继续抓捕。

我还小，举不起那么大的扫把，就站到一边当拉拉队：“蜻蜓落落，打水烧锅，你不打水，我不烧锅！”

一二年级所有期中期末考试我都是双百，从未丢过一分，这在整个学校里也是绝无仅有的。如此佳绩竟然没当上三好学生，也不是少先队员。班主任给出的理由是该学生品德有问题。全校开少先队会，看到班上百分之八十都戴上了红领巾，我受不了了，站在操场上委屈的眼泪扑簌而下。第二天我拿出全部积蓄加上问姨夫要的，共凑够了两毛七分钱到文具商店买了条红领巾。望着崭新的红领巾我心潮澎湃，激动万分。这时正碰上一个老女人也要买红领巾，她跟售货员说两条红领巾缝在一起可以做条裤衩，可把我气坏了，红领巾是红旗的一角，是无数革命先辈用鲜血染成的，这老娘儿们竟然要改成裤衩！我当场呸了她个花枝乱颤，拔腿就跑。

有了红领巾，家里不敢戴，在学校里更不敢戴，上学放学的大路上也不敢戴，于是我就在学校和家之间探索出不少小路，走这些小路需要翻墙头、趟水沟，我并不在乎，只要能从容地戴上一小会儿红领巾，翻山涉水又如何？

到了三年级，我的成绩下来了，数学甚至跌到了 80 多分，不过那一年我当上了三好学生，也加入了少先队。切，哪儿说理去？！

受父亲的老战友徐伯伯之邀，随父母乘长途车到他家做客。我和徐伯伯的小女儿很是投缘，一起下军棋、捉迷藏、演共同创作的话剧，晚上在一个被窝里一直聊到半夜，大有相见恨晚之意。

短短两天过去，我们该回家了，她不让我走，就在父母和徐伯伯夫妇话别之际偷偷带我私奔了。我们俩一直走了七八里路，路上被徐伯伯的同事认出，抓了回去。长途车已经走了，我们只好在徐伯伯家多待一天，父母双双旷班也无可奈何。

第二天一早，我们再次跟徐伯伯夫妇道别，徐伯伯的女儿哭得梨花带雨，咳嗽不停，透过长途车的玻璃我看到她要上车跟我们走，被徐伯伯夫妇生拉硬拽给拖下了车。

在车上母亲跟父亲说像我这种连狗都不爱搭理的家伙竟然会有人如此稀罕，真是不可思议。他们饶有兴致地商量了一路关于娃娃亲的话题，我都偷听到了。

可以后再也没有见到那个女孩。大人们说话可真不靠谱。

母亲在西药房工作，我老在药房里写作业，写完了就帮她数药片，可以拿很多空药瓶玩，还可以偷点可口VC和四季润喉片吃，我最喜欢偷的要数避孕套了。当时并不知道这玩意儿干嘛用的，只知道可以吹得比气球还要大，里面灌上自来水，把前端的“小奶头”撑成一个圆圆的大水球，贴到脸上凉滋滋的那真叫一个舒服。

如果不小心玩破了也不扔掉，剪掉末端的小圈圈可以当皮筋，至于那透明的球皮更是有用，从中间剪开就成了一块大皮子，放到嘴上用舌头一吸，皮子就在嘴里吸出了一个小球，顺手一拧，手上就多了一个小气泡。在班里看到某个女生，就叫她的名字，她一回头，我就把那气泡在她眼前猛力一拍，“啪”得一声脆响，女生无不惊天动地地尖叫，巨好玩。

通常情况下，一个避孕套如果省着用的话，对付十来个女生是绝对没有问题的。

不要误会我的意思哟。

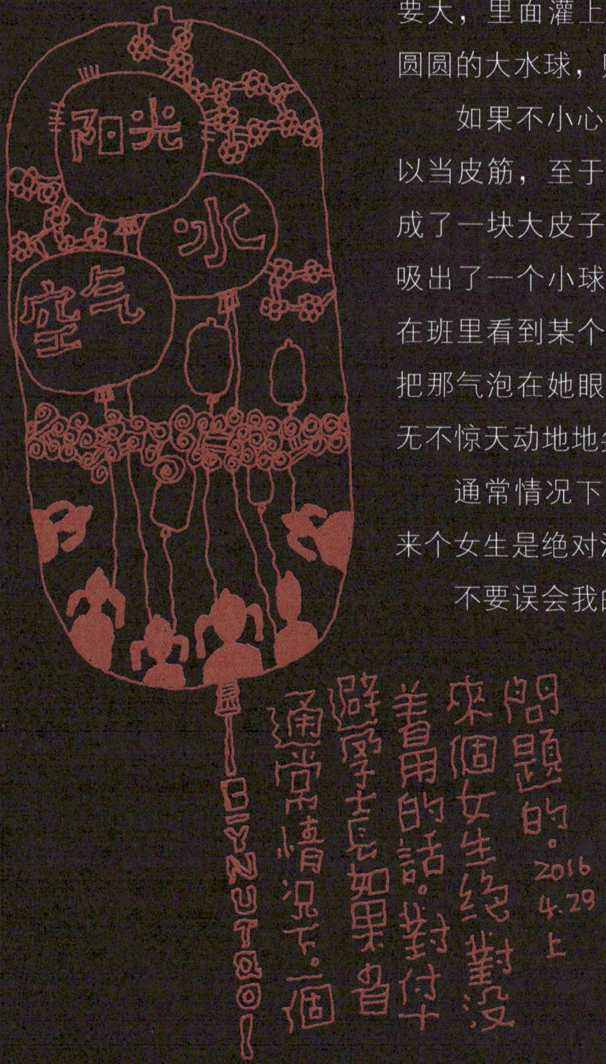

9岁篇

学校常常包场看电影，平均一月就会有一次，对我们来说这可是重要的社会活动，不亚于奥斯汀小说里的舞会。虽是朝夕相处的同学，但在电影院里碰到完全又是另外一回事。进场的时刻至关重要，其实早知道自己的座号在哪儿，故意装着找不到，来回在场子里瞎转，跟人乱打招呼，就是为了让班里的同学看到自己。每人都隆重着装闪亮登场，一是为在男生面前摆摆阔，二是为了吸引一下来自各班的女生，具体吸引谁并不清楚，关键是炫耀本身就令人振奋。女生的心理亦然。

座号如果挨着自己的同桌，多半要跟别人换票，换到和自己的死党挨着，三五人凑一起当众喧哗打闹，不亦快哉！所以每逢开场前影院里必喊声震天，等电影开演了喧闹声还不绝于耳，逼得班主任回头怒目巡视，指着某个同学大呼其名，方起到一些震慑作用。

包场看电影跟自个儿看电影完全不同，包场看电影，我们既是观众更是演员。每逢电影里出现激烈的战斗场面，我们就嗷嗷狂叫。赶上喜剧片，我们笑起来就像地主恶霸一样浑身乱颤，分贝惊人。看《生死搏斗》，头一次见到武打场面，同学们全看傻了，纷纷站了起来，后边的同学看不到，都踩到了凳子上。看《苗苗》，当看到小男孩把大便卷在糖纸里递给那个说话结巴的小女孩："吃吧，吃了就不结巴了。"小女孩接过糖纸，鼓起勇气要吃，台下一千多人担心坏了，齐声惊呼："别吃——！"

邻座的女生太过着急，小拳头都砸到了我的胳膊上也不觉察。

三年级我们有几个特好的小伙伴上学
无论干什么都在一起有时候也闹别扭……
我发现童年的别扭胜过大人的友谊 2016.4.29上

三年级我有几个特要好的小伙伴，上学放学三四人勾肩搭背一起走，除了自己的家外，无论干什么都在一起。有时候也闹别扭，不知怎么就突然不搭腔了。生活一下子落寞了，看着昔日好友依然在班里晃来晃去，却只能装作视而不见，那感觉能把人折磨死。大家都要面子，谁也不会主动跟对方和好。心里越来越聒燥，越来越失衡，见对方在水泥台上打乒乓球，就混在人群里看，每逢他失误了，就高声起哄。如此下去，仇越结越深。

仔细想想，闹别扭的时候自己也有责任，很后悔。怎么办？就找到那位和他平日里走得比较近的同学，邀其一起玩，对方自然地就把他也叫上了。大家重新在一起，起初场面很僵，都不好意思说话。这时如能碰到一些叫花子、瞎子或者是弱小的同学，大家就一齐上前吆五喝六将其欺负戏弄一番。如此有了共同的敌人，俩人自然地就站到了同一阵营，借着这个势俩人就算和好了。

通常情况下，即使和好了当天也不怎么说话，分手时也就摆一摆手而已。及至次日俩人才主动打招呼，做游戏也都在一起了。再过上几天，就完全恢复了上学放学一起勾肩搭背的老关系了。

当然，这招也有不灵的时候，对方脾气倔，就算受了邀请，见我在，死活不肯来。有时就结成了死仇，从此再也不说话了，也是没办法的事。

喜欢钓鱼，大都无功而返。一次赶上发水，我们荆河的大坝前万千鱼儿纷纷跃出水面，袖珍海豚似的，一个大坝竖了四五十根鱼竿。我也赶紧回家拿来鱼竿挤了个位置，虽钓术不精，但也擒获了两条不遵守“三吞四吐”游戏规则一上来就咬住钩不松口的倒霉小草鱼。

两条两寸长的草鱼在宿舍大院里引起了轰动，得到我的许可后，母亲把鱼炖在了萝卜里。菜端上来，不等大家反应过来，两条鱼就被爷爷几口吃了精光。后来他被奶奶数落了不下六百遍，说他越老越馋，竟然跟孙子争鱼吃。爷爷有轻微的老年痴呆症，一天里话多不过三句，自然无法申辩，我想他内心定为此耿耿不已，我毫不怀疑此事足可荣膺爷爷这辈子最后悔做的事 TOP10 前三甲之列。

一二年级都是跟男生一起玩，对女生嗤之以鼻，以与女生说话为耻，我跟二姐都不大说话，上学一起出家门，到了学校谁也不理谁。

到了三年级就不同了，身体里零打碎敲的荷尔蒙开始左右我的审美，班里总有那么一个气质独特的女生，目光所及则令我耳热面红，小鹿乱撞，举手投足也矫揉造作起来。如果觉出她在注意自己，我会猛得搂住第一排的小个子男生："我掐死你我！"

女生要比男生早熟，所以她们比我们主动。女同桌对我很好，考试主动给我抄卷子（尽管有时错的比我还多）；我赢了玻璃球怕人偷去，她会帮我寄存在课桌里；自习课老师突然现身，她会使劲踢我的腿肚子，让我把满桌的避孕套藏起。不过要是得罪了她，她也决不轻饶我，会追出我几十米，用拳头狠捶我的后背，一连十几拳，我弓着腰由她捶，直捶得我棉袄浮土飞扬，直捶得我心花怒放。她是把我当成了自己人，关系要是不好她才不会这么暴捶呢。

打完了气也消了，她假装还生气："哼，再不跟你玩了！"不过两小时以后她会突然探过脑袋，骚气蓬勃的样子："哎，你的量角器带了吗？借我使使？"

少来了你。

我们家虽住城里，却还保持着农村每逢大年二十六打扫屋子、大年二十七酥菜的传统。酥，就是油炸，我家院子里有一口拉风箱的柴锅，咕咚咚倒上十斤油，酥土豆酥茄合酥丸子酥鱼酥肉酥鸡蛋……酥上个二十斤菜，过年不动刀，可以就着这些和水饺一起吃到十五。

家里酥菜，全家齐上阵，穿梭来去，欢歌笑语，格外和谐。平时调皮老挨父亲揍，父子关系一直紧张，再加上我长期保持着尿炕的恶习，在两个姐姐面前毫无尊严，日子过得一度不舒展，此刻我却把一切不快尽抛脑后。我头顶个白羊肚手巾，又是拉风箱，又是端盖帘儿，又是抱柴火，又是出洋相，忙得不亦乐乎。一家人被我逗得前仰后合，连威严的父亲也在窃笑，我更加放肆起来……

那是我少有的幸福时刻，美好得像梦，那时真想为了我们一家人跟谁拼了，幸福得我真想在肚子里放颗炸弹，把自己炸成七彩的碎末啊……

由于母亲的煽动，邻居们也纷纷效仿，借我们家的大锅来酥菜。我自告奋勇给他们拉风箱，我拉风箱轻重缓急颇有心得，引得邻居们连连夸奖，甚至把我的未来跟清华复旦都联系到了一块，谝(piǎn)能好胜的我就从早晨一直拉到了天黑……

我流汗太多，干活时几次脱衣，以致受凉发了高烧，整个新年都是在病床上度过的。

++46°
停山
P

金星电視機

金星金星一起紧来一起腥

20165.17小二智濠

经过一番软磨硬泡，终于借到了同学的三洋牌板砖录音机，偷偷躲到小厨房里听。我正听着王洁实谢莉斯的“沿着校园熟悉的小路，清晨来到树下读书，初升的太阳……”抬头忽见菜橱的醋瓶旁有一只一寸长的袖珍小老鼠，它竟然直立着站在那儿，随着音乐身体有节奏地一扭一扭……它的眼睛如两粒闪亮的黑豆，毛是灰色，腹部是白色……

这只老鼠跳了足有六七秒钟的迪斯科，终于发现我在看它，身体惊恐地定住，继而“吱溜”一下消失得无影无踪。

家里买了台 12 寸的金星牌黑白电视机，姥姥是最忠实的观众，可以紧盯屏幕从新闻联播一直到满屏雪花。她最不能理解的就是芭蕾舞和花样滑冰，还美其名曰为“光腚舞”。

男芭蕾舞演员穿着紧身裤，裤裆鼓出一大坨，姥姥惊呼：“我的娘，全露出来了，还跳呢！丢死人了，他爹娘怎么会答应让他干这个呢？！”我们则嚷嚷：“你不去注意下面不就行了？”她争辩：“瞧你说的！这么明显，怎么能不注意？！”《红色娘子军》里女兵们一个个从侧幕条高速旋转着跳进舞台，她会说：“看，看，又窜出来一个谝能的！”看《白毛女》，她则一个劲摇头：“真能编，杨白劳都死了，喜儿哪还有心情踩着脚尖走路？”当看到男的把女的单手高高举起，她的话又来了：“这要是摔下来，小腚帮还不得裂成八瓣？！”花样滑冰看到女的出现失误，从男的身上跌落到冰面，她又说开了：“能的你！知道厉害了吧？这回不敢往人肩膀上踩了吧？”

听她念叨就像听单口相声，比窦娥还逗，我们也没心思看电视了，笑得东倒西歪。

评书《岳飞传》是与我的童年紧紧捆绑在一起的，那时每晚的六点半用万人空巷形容并不为过，估计任何一部电影和电视剧都达不到这样的普及率。父母一般是不允许我听着收音机做作业的，不过《岳飞传》除外，母亲也怕“连《岳飞传》都不让孩子听，这母亲的心是铁打的吗？”之类的议论会影响她的公众形象。

一次犯了错误被老师挨留，六点多了她还不放我回去，让我蹲在院子里看她们一家围在饭桌前“啧、啧”地吃鱼。及至六点二十五分，她在老母亲的劝说下终于意犹未尽地放了我，我连给她鞠躬都顾不上，扭身就往家跑。我瘦小的身形穿越马路如鬼魅一般，速度勘与昆仑媲美，心里只想着岳云的安危。尽管如此《岳飞传》还是在半路上开始了，整个城市回荡着大广播喇叭与路人收音机的双重延迟效果：“就在这时候（这时候），忽听（忽听）道（道）！道（道）！道（道）！三声（三声）炮响（炮响），人群中（人群中）杀出（杀出）一哨（一哨）人马（人马）：呼噜呼噜呼噜呼噜呼噜呼噜……

下课铃一响，同学们水银泻地般往厕所冲去，因为去晚了人多挤不开。女生由于先天的姿势缺陷，更是常常客满，所以上课尿裤子的频率高过男生。听到隔壁女孩们唧唧喳喳聊天，辨认出其中一个是自己班的，我就大喊她的名字。对方立刻隔着墙头骂我，引发厕所两边一片欢声笑语。像我这种人来疯当然不会轻易罢休了：“有本事你过来！”对方也不示弱：“有本事你过来！”“你过来！”“你过来！”……

双方就这么讨敌料阵，乐此不疲。

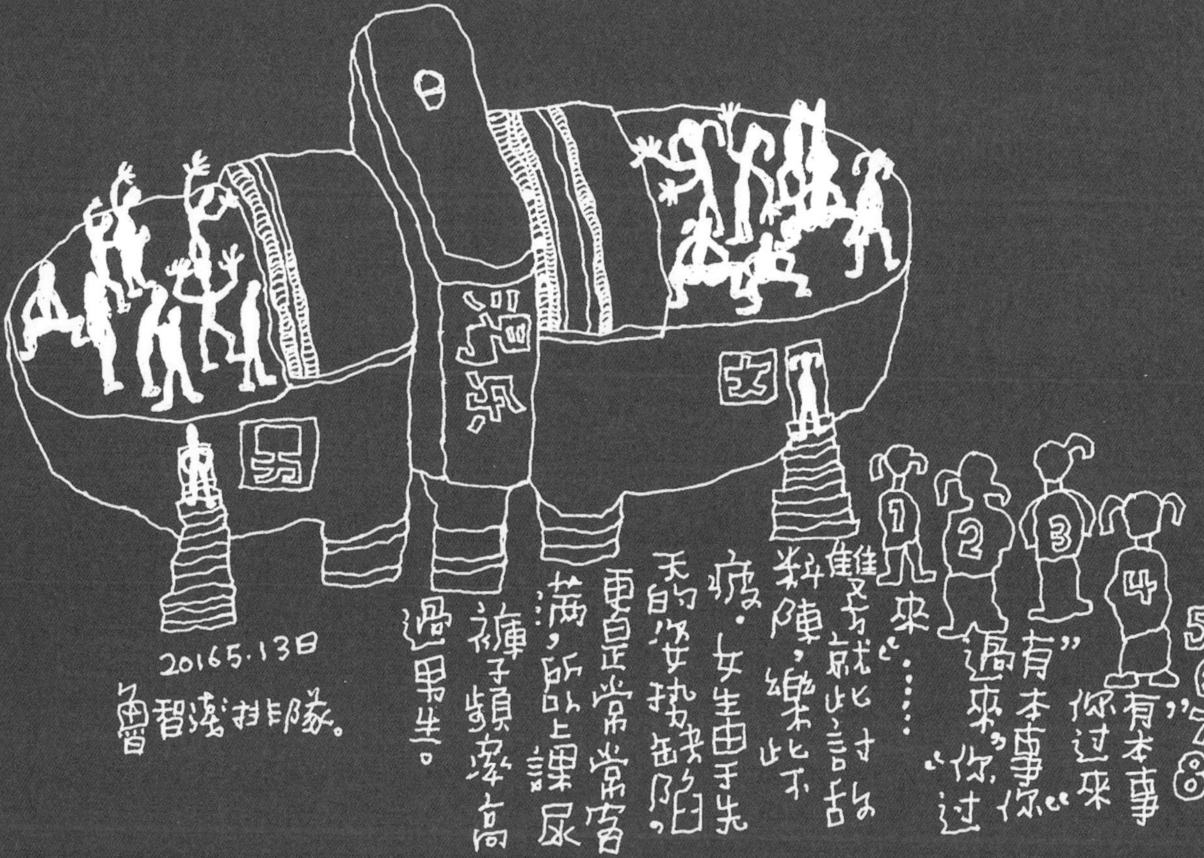

5 6 7 8
“有本事你过來”
“有本事你過來”
“你过來……”
雙方就此討論
料陣，樂此不疲。女生由于先天的姿勢缺陷，更是常常會滿，所以上課尿褲子頻率高過男生。
2016.5.13日
魯智深排隊。

九岁时我有了第一次爱情，那是新转来的一个女生，叫邹艳敏。受电影的影响，我比较喜欢愁苦型的女孩，龚雪张瑜潘虹系列的，像刘晓庆那种特喜庆的我不怎么感冒。邹艳敏就是愁苦型，一看就是大城市里待过的，白白净净的整天一言不发愁眉紧锁，相当的不俗。

有了心仪对象，行为开始造作起来，为吸引她的注意我经常在班里怪腔怪调地说话，跟同学疯闹。大人们单相思会装深沉，九岁的我只会拼命耍活宝，以博之一笑，然事与愿违，她对我始终无动于衷，顶多是淡淡地送我一个卫生球眼了事。我却不收敛，闹得更凶。没办法，咱才九岁，除了搞怪，咱也没别的本钱吸引人家啊！

有了邹艳敏，我的人生多了一道惆怅，抬头望望云彩，低头看看河水，都感到一种别样的伤感，那感受与成年人的情感其实大同小异。心里有事，就老想说出来，可这种丢人的事又能向谁说呢？

一次和两个最要好的伙伴在荆河边上玩，我就问他们在班上有没有喜欢的女生，他们一听就知道我有了，追着问我是谁，我说我说也可以，不过你们也要告诉我你们喜欢的女生的名字。他们纷纷说没有。我们经过漫长的讨价还价，终于都报出了各自喜欢的女生的名字。起初羊蛋（他叫杨辉，光头，我们都管他叫羊蛋）和老崔（他叫崔瑜，由于长着很像四十岁的老脸，叫他老崔一点不亏）都喜欢大大咧咧的副班长刘晓青，最后老崔主动谦让，随便换了另外一个女生的名字。

接下来我提议把每人喜欢的女生的名字写在纸条上，埋到土里。他们很不理解，还是照着做了。冬日的黄昏里我们仨把三张纸条默默地埋在一棵杨树的树根旁边，再把土培好。我们低头望着那片土，都觉意义重大，我第一个跪了下来，朝着那儿深深地磕了一个头。他俩很惊愕，不理解这里边埋的又不是祖宗磕的哪门子头啊，不过在庄严的气氛笼罩下也不好反对，先后跪下来磕了头。

此后我跟邹艳敏也从未说过一句话，跟羊蛋和老崔也再没提过此事。

多年后听朴树唱：她们都老了吧？她们在哪里呀？遂想起那三张早已化作泥土的纸条来。

我尿炕，一直持续到五年级，这件事很大程度上造就了现在的自卑性格。在学校我牛皮哄哄不可一世，在家里我骚气哄哄人贱言轻。父母用了各种办法给我治，吃药、打针、磁疗，均不见效。有人说尿炕的孩子聪明，那对我起不到任何安慰，我宁愿做个不尿炕的痴呆。还有人说尿炕的孩子将来会阳痿，多年后我才发现那是瞎扯。

那几年我一直承受着巨大的精神压力，在外边玩得再疯，一回到家就没精打采。我经常梦到班主任和同学们知晓了我这个秘密，皆对我投以鬼魅的笑，那时候我都不敢去看老师同学的脸。

父亲很照顾我的面子，从不在公共场合讲此事，只是在晚饭我喝汤的时候会暗暗瞪我，不过再怎么节制喝水，夜里仍会水漫金山，涛声依旧。母亲给我缝了两床特制的小褥子，在褥面和棉花之间加了一层塑料布。那时我们住的是成排的瓦房，中间没院墙，邻里之间几乎没有隐私，分房时父亲特意要了把头的两间，他在靠近山墙僻静的鸡窝旁拴了根绳，专供我晾被褥，我的被褥除了尿臊味又多了一股鸡屎味。

那时我们父子很默契，我这边尿了只管去上我的学，他每天都会来检查，把尿湿的被褥晾上，再铺好新被褥，神不知鬼不觉。这一切并没有让我感激父亲，我觉得这默契本身就是一种侮辱，反而更拉大了我们的距离，九岁的我不知如何面对一个洞晓我最大隐私的人，我的把柄全在他手里，这让我对他充满恐惧，父子间讳莫如深，甚至在街上撞见他我也佯装不晓。

WC
2016430

我跟二姐住一屋，这当然瞒不过她，所以我也被她看不起，一旦我们吵架，她就会脱口而出：尿炕精！这种情况不管是谁的错，父母都会过来给她一巴掌。她觉得不公平，就把这事告诉了同学，上学路上她和几个同学一起高呼我尿炕精，我捡起石头朝她们就扔。为此我们俩有两个月都没说过话。

压力越来越大，有一天我终于崩溃了，决定离家出走，由于没想好目的地，没能走多太远。全家人四处找我，我躲在废弃的桥下听着他们喊着我名字默默地抽泣，感叹人生的凄凉。

及至午夜我走出小桥，开始漫无目的地闲逛，渐渐地我觉得在月光下散步很好玩，就这样几乎逛遍了整个空寂的城市，一时觉得自己是这个空城的主人。天快亮时我也累了，决定回家，我从墙头翻进大院时正好碰上了父亲，我没理他，径自往家走，父亲就这么默默地跟在我后面。到了家里我发现全家都没睡，纷纷惊愕地望着我，没人敢跟我说话，我正眼也不瞧他们，爬到床上倒头就睡。

不能再这么放任自“流”了，我开始钻研更有效的方法，于是找来一根自行车气门芯用的橡皮绳，睡觉前把小鸡鸡系上了。及至半夜尿意盎然，我醒了，才发觉为时已晚，下身又胀又疼，我坐在床边解橡皮绳，无奈系得太紧，怎么也解不开。我急得直哭，全家闻声纷纷爬起，一家五口围在我周围盯着我的小鸡鸡，心急如焚，纷纷发表意见。无奈之下果敢的母亲决定用剪刀，她跪在我面前，目光炯炯小心翼翼地找准了那根橡皮绳，一剪子下去……

噗——！一股热乎乎的淡黄色液体不偏不倚，正喷到她的脸上。

校门口经常聚集一帮小商贩，卖各种吃的和玩具，一下课我就飞奔到那儿，看别人玩射轮盘的游戏，商贩用圆木板做了块轮盘，一圈写满奖品，中间有轴可以转动，用一根皮筋绑上一个小飞镖，一头固定住。商贩那头转动轮盘，你这边拉开了皮筋，一放手，啪！飞镖射在轮盘上，射在写着什么奖品的区域就得什么奖品，打在空格处也可以得到一粒彩色的糖豆。那游戏现在看来幼稚之极，不过当时大家都玩疯了，三分钱一次，大家纷纷慷慨解囊，人太多了只能排队。我没钱，就跷着脚挤在后面目光炯炯地看，课间十分钟一眨眼就过去了，上课铃一响，大家呼啸着往学校里飞跑。隔壁班一个小子花了一块多，只换回来一把糖豆，我一路跟着他往学校里跑，边跑边提醒他要等到轮盘转得慢的时候再发飞镖，这样可以看得清楚一些，得奖的机会就大多了，没想到他不但不谢我，反将一把糖豆全掷到我的脸上：“滚蛋！”

后来学校为了阻止学生课间出门买东西，就把大门锁了，同学们就隔着大铁门与商贩们交易。一次来了个卖米花球的，那米花球香得夺人心魄，圆圆的大米球，用糖粘在一起，才两分钱一个，咬一口“喀哧”一声，倍儿脆。为了买米花球，我早点都不吃了，专门把钱省出来。可是课间太短了，我还排着队呢上课铃已经响了，学生们作鸟兽散奔往教室，我却铁了心要买完米花球再走。两分钟后我手捧着米花球在空寂的校园里疯跑，心想也许老师还没到呢，当我一个大步跃上了三级台阶冲进教室，正和站在门口的女语文老师撞个了满怀，我手里的几个米花球和她的D罩杯无可逆转地产生了激烈地碰撞……

米花球们炸开了，颗颗白色的大米粒如雪花般纷纷飘落在我和大胸老师的面前……

学校要办学籍卡，问我们要一张一寸标准像，我担心照不好，抹了大姐的美加净发乳和奥琪增白粉蜜，连着跑了三家照相馆照了三次，设计了三种不同的神态，其中一张还是偷穿了大姐的白色夹克衫，照完后又神不知鬼不觉地放回她的床头。

那时照一寸黑白照片要一毛七，可洗三张，需要等一个星期才能取。我第三天就急不可待地跑去问，服务员一看收据：才过了三天，又不是加急，你慌的嘛？！到了第四天我又去，还是没洗出来。到了第五天终于有一家照相馆洗出来了，拿出照片一看，我被照成了一脸愁苦状。第六天又有一家洗出来了，效果还是不太理想，这次瞪着大眼，一脸惊愕状。及至第七天，我在最后一家照相馆拿到了照片，这次眼睛照成了半睁半闭，感觉特阴险。我站在照相馆门外，沮丧的心情难以平复，这时依稀听到照相馆柜台里两个女人在聊天：“就刚才那小孩，为了张照片天天跑这儿问，瞧那 × 样儿，还挺臭美呢。”

我真有点不想活了，忍了一路，还好最终也没哭出来。

在班里老受大个子欺负，暑假听说文化宫有武术学习班，老师乃少林俗家弟子，我立刻报了名，学期一个月，学费一元整，每晚在文化宫灯光球场上课。头一天上课，一见到老师，很是魁梧，那飘逸的胡须令人想到了王仁则，心里美滋滋的，开始可怜起班里那帮同学来：等开了学老子还不弄死你们！

没成想开始几天连着都是压腿，忍过了这几天吧，又改成了踢腿，我觉得上当了，这比广播体操好玩不到哪里去。我开始溜号，报完名没练几下噌的就窜了。那时夏日的文化宫极热闹，院里有跳舞的打篮球的教声乐的，楼里有武打录像台球康乐棋游戏机。我顺着窗缝看了会儿武打录像，又跑到二楼，二楼的礼堂在举行文艺会演，歌声掌声锣鼓家伙声响成一片。我没票，就偷偷溜到后台，想从侧幕条边上看，舞台上一个穿着红天鹅绒裙子的女人在揪着衣领唱《我爱你塞北的雪》，我还没刚听几句，就被一个穿着白裙子的女孩揪住了耳朵："好小子，偷看我们换衣服！"

我一回头才发现一帮十六七岁的女舞蹈演员正在旁边脱衣服呢，眼前一堆白花花的后背和各种自制的胸罩（当时那东西还不太好买）。那些女孩顿时一团混乱，不过她们一见我才九岁就放下心来，衣服也顾不得穿就围了过来："这小流氓，嘿，长得还挺逗的。"她们七手八脚，又是掐又是摸，瘆得我直乐，一个女孩更来劲了，非要扒我的裤子。这下我可急了，扯开嗓子就骂。她们也觉不好意思了，又不肯放开我，就一起凑过来在我脸上胡乱亲起来，我拼命挣扎，可惜少林功夫近在眼前愣没学到手，她们任何一个都比我劲大，我最终被她们每人一口亲了个溜够。

挣脱了她们，我一路狂跑窜到院子里，看到不远处我们的少林武术班"吼哈吼哈"练得正酣，闻着脸上刺鼻的香粉味，透过门玻璃看到自己脸上横七竖八挂着十来个鲜血般的口红印，妈的，到底谁是流氓啊！我突然感到一种从没有过的屈辱，竟蹲在大楼的拐角处，很不少林地抽泣起来。

小时候最容易崇拜人了，常常长久地把炯炯的目光投注在某些不靠谱的人身上，心里呼唤着：要是我是他的儿子该多好啊！我崇拜过废品站的一个老头，他戴一顶赵本山那样的帽子，手上套一副脏兮兮的白线手套，老在废品堆里穿梭，举手投足间都显得很专业。有人拿着酒瓶子问他：师傅这个收不收？他搭眼一看就脱口而出：辣酒瓶不收啤酒瓶收！有人扛着一摞画报过来：师傅画报怎么卖？他头也不抬：跟书本子一个价，一毛三一斤！有时问的人多，排成了队，他就站那里用烟熏得焦黄的食指挨着个儿指：这个收，这个不收！这个收，这个……权力大得吓死人。九岁时我迷上了废品业，没事就跑去瞻仰废品站的价目表，做梦都想着拿家里的东西换钱，一见到他我就肃然起敬，心想如果我要是他儿子的话，就算我拿着一大坨狗屎，他也会用点屎成金的手一指：这个收！九块八一斤！

我崇拜过镇医院的一个大脸盘子护士，她脸长得像个贴饼子，细眉细眼的，不知怎的我就是喜欢她，没事就跑病房偷看，觉得她特洋气，一看她就能联想到北京上海那些大地方，心想我要是摊上这样一个妈，死也值了。现在回想那护士的大脸盘子实在是老土，孩子的审美真是不可思议啊！

我还崇拜过同学的父亲，他是个扎花圈的，一沓彩纸一经他的巧手马上变成艳丽多姿的花圈，他给儿子扎的巨大的蜻蜓风筝，获全校风筝大赛一等奖，我同学举着线轮在田野里放着风筝，全班同学都跟着他跑。望着那只“蜻蜓”在天上小得跟蚊子一般大，我对自己没有出身于一个扎花圈的家庭倍感遗憾。

屁股拍了一巴掌。。小儿羔子。
刚一上菜我就埋头猛吃，突然背上冲我
终于轮到吃大席了，来了。就为了这么
瞧给急的
好菜都在
后面呢？
现在吃这么
撑，到了后面
你就吃不下了。
只剩干着
急了。笑死
你拉倒。
受用
一生
我一回头，竟是他，激动的眼泪险些掉下
来。他的这句话
让我受用了一生。"
2016
5.14
鲁智深

我还崇拜过植物油厂的一个管理员。他有厂办公楼二楼娱乐室的钥匙，他女儿是我同学，我的小组组长。我经常求她找她爸爸给我们开门，让我们在娱乐室打乒乓球。木头台子跟水泥台是天壤之别，一抽球“呯”一声脆响，成就感十足。我和伙伴一打起木头台子，一般回合很少，只要这边一发球，那边就猛抽，一拍就结束战斗，就为听那声脆响。同学她爸大方得离谱，一见我们来了，随手就把一串钥匙给了我们，让我们自己开门去。平时在学校天天为了争水泥台子打破了头，现在居然如此轻松地享受豪华的室内乒乓，我暗下决心，做人要做她爸那样的人，要为了将来当乒乓球室的管理员而读书。

我最崇拜要算是葬礼上的“老总”了，每逢葬礼，总有一个统管大小事务的人，叫老总。哪儿收钱，哪儿磕头，一般哭几声，烧几刀纸，安置远方贵宾，布置酒席，招待乐队，安慰死者家属，驱赶要饭的……一切都应付自如从容不迫，不怒自威。所有人有事都向他打听，做什么都请示他，他从不摆架子，耐心地指挥大家，跟大家解释，手下人得令离去，他还鼓励地拍一下对方的后背：急嘛？慢慢来！所有人都信任他敬重他，光大家敬他的烟就算他有八只耳朵也都夹满了。当他从我身边走过时，我慌得全身都麻了，可他对我这个粉丝瞧也不瞧一眼，忙着过去吆喝别人了。

终于轮到吃大席了，来了不就为的这么，刚一上菜我就埋头猛吃，突然有人冲我屁股拍了一巴掌：“小儿羔子，瞧给急的！好菜都在后边呢，现在吃这么狠，到了后边你就吃不下了，只剩干着急了，笨死你拉倒！”

我一回头，竟是他，激动得眼泪险些掉了下来。

他的这几句话，让我受用了一生！

十多年后的春节，我在街头又见到了他，他靠在一辆自行车旁边，自行车后座上绑了个氢气瓶，他把气球放上去，一会儿气球就涨大了，他熟练地扎好，递给客人，收钱，左顾右盼一番，突然尖声吼道：“气球贱卖喽，一块钱，五——个！”

小時候最容易崇拜人。。。。

怎麽？慢慢來。"所有的人
口
都信任的敬重他。光大家敬他的煙就
算他有几口兜也都要滿了。當他
從我身邊走過時。我緊張的全身都
麻了。

可他對我這個粉丝瞧也不瞧一眼。忙着过去
吆喝別人去了。

2016 5月14日

10岁篇

大院来了一些新住家，有几个小孩与我年龄相仿，擦肩而过了很多次也只是冷冷地打量一眼，没有说话的契机。实在寂寞了，就夜里溜到他们家的窗外，倾听里面传来的喧闹声。

一次我看到新来的几个小孩在院里还没盖好的两层楼上玩，那楼的毛坯刚成，脚手架还没撤，一个孩子站在二楼阳台处叫嚣了一声就往下跳，一屁股落到地面的沙堆上，满脸英勇地爬起。其他小孩心有不甘，也纷纷爬上去，略作犹豫，也都陆续跳下了沙堆。我扔了书包，阴着脸扒着脚手架一直攀上二楼的楼顶。我站到二楼顶的楼沿处（离地面大约七米高）往下看，发觉地面是那样的陌生，一切显得那样的渺小，那些孩子呆呆地仰头看着我，不知我要干什么。我大吼一声毅然跳了下去，只觉耳旁呼呼的风声，大脑一片空白，一种无言的畅快感觉涤荡全身，嗵！我双脚落到了沙堆里，膝盖自然地蜷起，继而屁股着地，五脏六腑在腹内上下晃荡了若干次后归于平静。我站起来，毫发未损，沙堆上留下了两瓣深深凹陷的屁股印儿。

几个小孩望着我，惊为天人。我盘算着第一句话该跟他们说什么，一个个头稍大的小孩突然朝他的弟弟厉吼："走，回家！"弟弟听话地跟他离开了，另外的孩子也走了。

想到结果竟是这样，我捡起书包落寞地回家了。夜里想起那次跳沙窝的经历，依然心驰神往，我一人溜到工地，在月光下再次爬上二楼楼顶，默数三下，从容跳下，仍是惊心动魄，畅快无比。

几天后，我看到兄弟俩中的弟弟拿着球拍在往水泥墙上托乒乓球，他每每托上七八下就失误了，我在一旁死死地盯着，他也不理我。我跑回家拿来球拍，在他的旁边托起来，我可以连着托上二三十下。他不托了，歪着头在旁边看我托。我明白时机来了，就冲他说我们比赛吧！他明知托不过我，仍一脸欣然和我比，我们就这样比来比去，快活极了。后来他哥哥来叫他吃饭，见状夺过弟弟的球拍自己托，他一连托了上百次球也没掉下来，再后来我就和这兄弟俩成了好朋友。哥哥叫克天，大我一岁，弟弟叫克地，小我两岁。

祖國的花朵們是共產主义接班人
2016.5.19 上
66粉

小时最不爱洗澡，母亲为这个没少骂我，说我身上的灰连刀都砍不透。认识了克天克地，我变得爱洗澡了。每逢周日，我就早早把干净的内衣裤毛巾以及小袋装的海鸥洗头膏放进包里，跑到他们家等他们起床，然后一道去澡堂。

那时澡堂极少，新兴浴池是县城最大的，来自各条战线上的灰泥都要在这儿剥落、聚集。周日人最多，七点钟去了水还是清的，到了九点池子里就彻底成了羊肉汤。我和兄弟俩互相帮着搓背，咬牙切齿间打量一下周围密密麻麻的成年裸体，明明对他们张牙舞爪的下身惊讶不已，却也要摆出一副一切本该如此的寡淡神情。

洗完澡要走向锁着自己衣物的小床铺，这段路程最是痛苦，只恨裆下之物生得太过迷你，羞于接受众目睽睽的检阅，我们就光着身子在长长的客厅猛跑，连滚带爬地一气窜上自己的铺位，身子一蹲，遮住关键部位，然后呼呼地喘气，等待服务员扔来的热毛巾。

服务员是个老头，光头上些许白毛，目光如电，很威严。看到客人洗完的湿毛巾，抓来随手一扔，啪！啪！啪！全准确地挂在竹制的长条横杆上，有如武侠小说里的暗器名家，绝无失手。他用铁夹子从大铁桶里夹出一条热毛巾，朝刚洗完澡的客人尖啸一声，热毛巾伴着蒸汽就紧跟着飞来，客人伸手接了，烫得手舞足蹈，哆哆嗦嗦地用它擦脸，那叫一个爽啊。

我们小孩的澡票跟大人一个价，老头却势利，明知我们洗完了也不扔热毛巾过来，害我总是白等。偶尔他会突然吼我一嗓子，一条雪白的热毛巾随之扔来，我仓皇接住，烫在手里暖在心，感觉获了尊重，心情可好上一整天。

那时看电影都是全家一起去，如果落下了谁一人在家，可算天大的惩罚了。一次看《绅士流浪汉》，我们只买到四张票，父母纷纷谦让说自己不去了，我们仨却不干。商量了半天还是全家都去，找票贩子再买一张。到了影院门口，有几个票贩子出的价过高，父亲舍不得，决定趁着检票时人最挤的时候让我偷偷混进去。在检票口，父亲假装找票挡在了检票员面前，我顺势钻了进去，等检票员扭过头来，我早已消失在人缝中了。

那电影真是货真价实，从头至尾高潮不断，卓别林让地球另一端的小县城人民沉浸在欢乐的海洋里，我笑得几次从父亲的膝盖上掉下来，母亲连呼不能再看了要岔气了，却还不肯错过银幕上的每一个镜头。这时突然一束刺眼的光柱投射过来，一个威严的检票员握着手电筒走近我们，要查看父亲的票，父亲什么也没说，掏出票来塞到我的手里，起身把我抱到座位上，扭身离开了。

片子越来越好看，巨大的笑浪险些把影院的顶棚掀开了。我回头望着父亲被检票员带往出口，心如刀割，母亲姐姐虽然仍在左右，却感到无限孤独，见她们还在麻木不仁地狂笑着，我的肩膀一颤一颤，哭了。

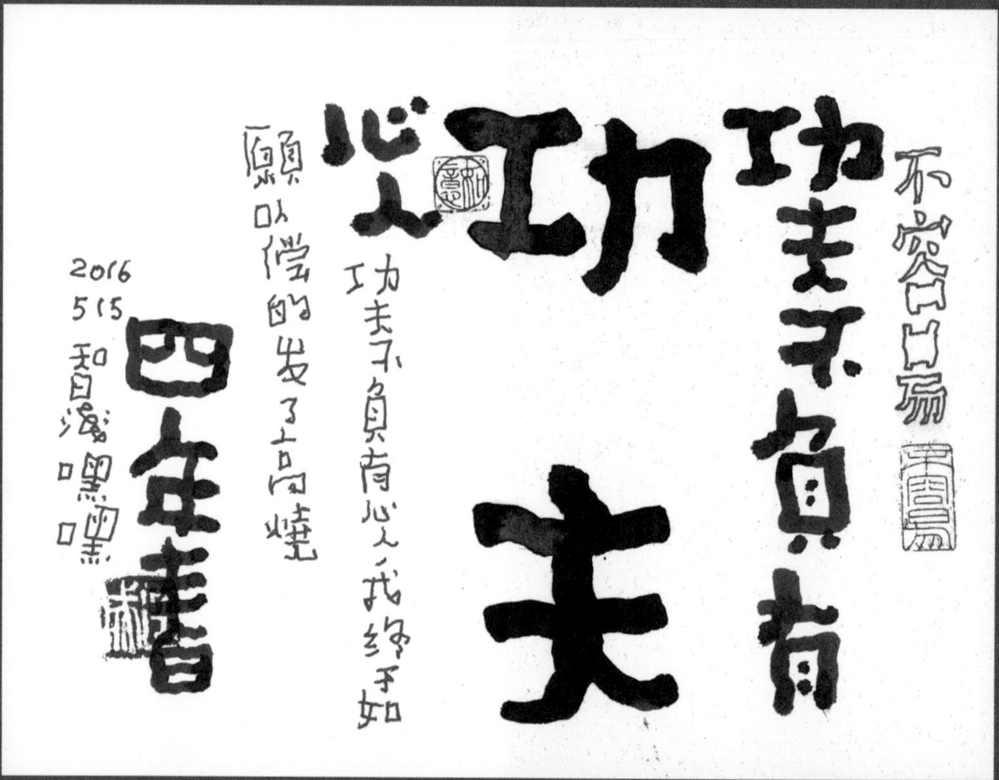
功夫不負有
功夫
心人
功夫不負有心人我終于如
願以償的发了上高燒
2016
515
和智瀟
嘿嘿
四年書

家里孩子多，难免出现争宠的现象，我们常常为父母最疼的是谁而暗自较劲，我是坚决认为母亲最不疼我的，所以跟姐姐们常常白眼相送。二姐病了，母亲床前悉心地照顾，又是水果又是点心，没节制地买，还用她温暖的脸颊贴着姐姐的脑门试体温，“乖”啊“宝贝”啊地呼唤着……

这还了得了！我全家最小，还是男的，凭什么她该享受这个待遇？不就是发个烧吗？有什么了不起的！嫉妒让我失去了理智，开始跟姐姐拼病，大冷天的只穿单衣上学，下雨也故意不打伞，体育课跑得一头汗也不穿回衣服，自来水浇头……

功夫不负有心人，我如愿以偿发了高烧，心疼得母亲请了假照顾我，晚上跟我睡在一起，见我说话都瓮声瓮气，难过得她眼泪扑哒扑哒地掉，在我腮上亲了又亲。二姐在一旁，似看穿了我的诡计，脸上尽是冷笑。

啊呸！有什么好看的？给我滚远远的吧你！

病好了，依然和母亲睡在一起，我像以往那样把手放在她温暖的乳房上，幸福地入眠。一天，当我把手伸进她内衣的时候，她突然劈头就给了我一巴掌：“都多大了还摸着睡觉？！”

咦？怎么了这是？我百思不得其解，我犯什么错了我？以前不一直都这样的吗？天理何在？

从此彻底跟母亲的乳房说拜拜。

母亲在西药房上班，上班按“三八制”，常常会上夜班或小夜班。晚饭时母亲不在，父亲就觉得很没意思，吃完饭不断看表，准备八点钟去医院接母亲下班。他常会叫上我，以我的名义去接母亲，见了她也说是我想妈妈了才来的。我对他这一套很不屑，医院离我们家才三里路，且都是大路，年纪一大把了还整得跟初恋似的，我很替他丢人。往常我都怕他，现在他有求于我，我就多了些矜持，噘着嘴跟在他后头。宿舍大院外有条很宽的沙土路，父亲每天早起散步都要做一件事，就是捡石头，看到路上有石头就捡起来扔到路边，以免路人绊到。现在他还会再拣一遍，月光下他在前边一边拣一边扔，我也学着他一路拣着，拣到后奋力扔到路边的河沟，听那“噗嗵”一声脆响。拣着拣着我感觉手感不对，细看是一摊牛屎，我恶心得直嚷，父亲见了哈哈大笑，我也憋不住，跟他一块笑了半天。平时因为调皮老是挨揍，和父亲关系一直紧张，夜晚捡石头则是我们少有的轻松时刻。

及至医院，父亲和我就在门口等着，他也不愿意进了医院一见熟人还要跟人家说自己是来接老婆的。等了一会儿母亲出来了，她一见我们照例嘟囔开了：就两步地，接什么接？！说了多少遍了不用来，非得来！……毛病！说完赌气似的一个人走出去。

父亲赔着笑，没皮没脸地跟上去：这不是孩子想你了吗？母亲不吃他这一套：去去去！父亲用余光投向我，我故意将头扭开，摆出一副不合作的态度，心里说：活该，谁让你这么没出息的。

暑假回老家，老家住在大运河边，那时交通不便，300 多里路需要坐一天的车，和母亲天不亮就出发，到了老家已是黄昏。无数亲戚闻讯来看我们，我跟叔叔不太亲，喜欢姑姑一家，死活要住她们家，大人们没办法，只好随我。傍晚在姑姑家的院子里，我掐着腰晃着兰花指，尖声尖气地学着电视剧《武松》里的女店老板：哪来的外乡蛮子！不知道大爷的厉害，小二啊，把这个醉汉给我轰出去！我还模仿卓别林撇着外八字走路，举着双拳看虱子从左拳跳到右拳。把姑姑一家和邻居们笑得东倒西歪。我这个来自遥远的县城的小亲戚在当地迅速声名鹊起，引了更多的人跑到姑姑家看西洋景似的看我。

母亲只住了两天就回去了，从此我天天和小表哥二表姐一起玩，几乎不去住在仅二百米之遥的叔叔家。大表姐十七岁，在当地城里干临时工，只有礼拜天才回家，第一次看到大表姐我就被震撼了，她长得很漂亮，虽是乡下人却有一种独特的高雅气质，远不是我大姐二姐那样的俗人可比的。她还有个好听的名字叫爱琴。听说爱琴姐精神有点问题，曾住院治疗过，可我却看不出她一点点有病的样子。

爱琴姐从城里给我带的小玩具让我爱不释手，她教我唱流行歌，我一学就会，她还反复地让我学卓别林走路，每次她都能笑得死去活来，以至于后来她都不敢看我的脸，因为只要我们俩的目光一对上，她就忍不住弯下腰，捂着脸莫名地笑上半天。我真想在这里永远住下去啊！

不幸的事还是发生了，才住了几天我就原形毕露，在姑姑家尿了炕，我没说出去，姑姑是第三天才发现的，被褥在床上捂了两天，骚气蓬勃。此事迅速传开，成了大家的新乐子。我很没面子，表现也低调许多。我最不想让爱琴姐知道，周末爱琴姐回家了，她还是一见我就笑，不过是那种神秘甚至有点诡异的笑，笑完就闪了，也不怎么理我。我明白最担心的事情发生了，肯定是谁多嘴告诉了她。

姑父看出了我的心事，劝导我说小孩尿炕很正常，没关系的。我更伤心了，要回家，任谁都劝不住。后来爱琴闻讯从城里请假赶回了家，一见我什么也没说就把我搂在了怀里。我在她怀里哇得就哭了出来，她一个劲地给我擦泪，却怎么也擦不干净。

别人给了母亲一张电影票，母亲不想去就要把票给我。那部电影我渴望已久了，也不知当时我怎么想的，非嘟囔着说不想去，母亲只好自己去。那个下午，我在屋里做着作业，听着院里母亲和邻居们聊着晚上去看电影的事，心里格外别扭。我到茶几上把那张电影票抓到了手里，一边写着作业一边下意识地用手玩弄着那张电影票，捻成小棍儿，又叠成元宝，再叠成三角……

时间快到了，母亲匆匆吃了点东西准备出门，却怎么也找不到票了。我低头才发现自己已把票不知不觉捻得稀烂了。母亲过来问我看见电影票了没有，我说没看见。看着母亲几乎把家翻了个底朝天在找票，我觉得自己坏透了，对母亲的歉疚渗透到了骨髓里，眼泪静静地划下脸颊。

我为什么要拒绝母亲送来的票呢？为什么又要捻碎那张票呢？

谁知道！

父亲是医生，家里的医书足有一面墙之多，一天出于无聊我偶然翻开了一本人体解剖画册，从而看到了有生以来最触目惊心的图片，那是一幅女性生殖器的解剖图，彩色的，极清晰。我只觉脑袋嗡嗡响，心跳似乎都停止了，以我当时体内可怜的荷尔蒙储备还不足以产生那种无人不晓的神奇生理反应，但那强大的刺激也已超出我的承受力了。放回画册我跑出了家门来到野外，想呕吐却吐不出来，那幅画深印脑海久久挥之不去，为什么它是这个样子呢？为什么它是如此的丑陋？它不是这个样子又该什么样子呢？我不敢再想下去，觉得自己做的事情很罪恶，包括在脑子里想它都是犯罪。

好奇心像一只毛毛虫，缓缓地在身上攀爬，谁都忍不住要挥手去拨开它。从此一有时间我就溜进父亲的房间，迅速打开画册看上一眼，然后做贼似的逃离。这有如饮鸩止渴，越看就越想看，越觉得恶心却越不愿意放弃。终于有一天，我把那幅画从画册上整个撕了下来。我不敢藏在屋里，就跑进大院里一个废弃的小车库，把那幅画塞进了砖缝里。我不敢白天跑来看，只在夜晚才鬼鬼祟祟地拿了手电筒，缩在车库的墙角，匆匆看上一眼然后跑回家。

那段日子我感到生活沉重得不行，看到家人老师和同学们都不敢和他们直视，世界变得与我遥远起来，不管见到任何女性我都觉得对不起她们，脸红耳热，抬不起头来。那种疏离和罪恶的感觉简直令人窒息。

实在受不了了，一个雨夜我跑到车库里义无反顾地把那幅画烧掉了，看着那张纸跳着诡异的舞蹈一般被烧成灰黑色的卷儿，内心一片释然。

回到家，父亲正和二姐下着军棋。父亲输了，母亲和大姐一起朝父亲起哄，望着他们，我只觉心里涌起一团暖流：亲人们哪，我现在终于又回到你们身边来啦！

马炮也叫香瓜，玻璃球大小，采下来后用手来回轻揉，数小时后可揉得软而透明，周身散发出好闻的香气。我没耐性，常常没揉几下马炮就破了，于是采来马炮就送给同桌女生几个，她就在上课时帮我揉，揉得又香又软了才把马炮给我，她自己也留下一个，放到铅笔盒里。

周末天光没亮我就爬起来去采马炮，我们家附近有一座古塔，十三四层，破败不堪，里面的楼梯很滑，很像少林寺里和尚练功踩出的脚窝，极难爬。我在古塔周围采了好几个马炮，却发现有一束亮光照着自己，近看是一个打着的手电筒，再往周围看，我发现草丛里躺着一具尸体，已面目全非，从装束上看应该是个十七八岁的女孩。

我吓得魂不附体，腿都软了，一时跑都跑都不成了，站在那里抖个不停，数秒钟后我才蹒跚着逃开。常听大人说有人登塔自杀的事，有殉情的，有跟家里闹别扭的，也有欠债还不上的，今天我竟独自亲眼目睹到了一个。远远地打量着那束灯光，我想这个女孩为什么要选择轻生呢？半夜里爬上这么高的地方，是怀着怎样的心情？她该有多么孤独多么痛苦啊。

想到这儿我突然不害怕了，接下来我做了一件多年后令自己都惊讶的事，在灰暗的天光下，我趟过挂着露水的草叶悄悄走近了那具女尸，我没胆子去打量她，却在离她很近的位置坐了下来。我觉得她太可怜了，我不能在她生命的最后时光还这么孤独，我应该陪陪她，哪怕就坐一小会儿。我越想心里就越踏实，后来一点也不害怕了，内心油生一种崇高的感觉，这感觉真是好极了。

天很快亮了，附近人也多了，显然是有人报了警，轰鸣的警车朝这里驶来，一个人见我背对着女尸坐在不远处，怒斥："小孩，快走！"

我只好起身离去，一边走一边轻蔑地白他一眼，心想："你懂个屁呀！"

我们家不是大院里第一个买电视的，却是第一个换彩电的，金星 12 寸，1030 元，一点儿不带含糊的。父亲升为副主任医师，工资调级补了一笔钱，他决定扬眉吐气一把。买彩电钱不够，父亲又找人借了点，母亲不同意，骂父亲“穷烧一股烟”。的确，那时彩电在县城极少，人们为了让电视有点色彩，纷纷在黑白屏幕上贴一层彩色塑料膜，看着花里胡哨的，效果不佳。还有人为了让电视看着大一些，在屏幕前架上一块放大镜，不过放大的部分并不均匀，播新闻的邢质斌常常是一只眼小若绿豆，另一只眼甲亢似的暴突起，格外骇人。

电视买来，引来方圆数里外的人参观。电视摆在屋里，参观的人却站了一院子，他们跟我们不熟，都不好意思进屋坐，母亲劝不动他们，就借了好多凳子放在院里。一些注定今生不会再见第二面的陌生人远远地望着我们的彩电惊叹不已：啧，啧，邪了啊，这颜色是怎么加上去的呢？

电视买来第一天我就注意调试电视师傅的一举一动，很快学会了选频道，电视一有问题，全家人急得团团转，我打开频道仓门，拔出里面的六棱小黑棒，三下两下就调好了。父亲啧啧称奇，深感孺子可教，以后我就独享这个小黑棒，成了专家，后来别人家的彩电出了问题，也会风风火火地跑来请我。一般这时候我筷子一撂神色凛然地抬腿就走，仿佛是赶去接生，人命关天耽搁不得。

惊喜一个接着一个，几个月后我们家又添了洗衣机。买来洗衣机的时候我正在大院里跟小朋友吹烟牌，只见一辆拖拉机突突驶来，父亲和二姐站在拖拉机上，威风地一人一边扶着洗衣机，仿佛那不是洗衣机，是刚缴获日本鬼子的迫击炮。看着二姐得意的样子，可把我气极了，一回家就冲母亲吼叫：为什么不让我跟着去买？她算老几！

母亲照后脑勺给了我一巴掌，提醒我：那你呢？你算老几？！

她算老幾？

看着2姐得意样子，可把我给气急了。回家就冲母亲吼叫，为什么不让我跟着去买？

母親照后腦勺子幾"巴掌"，提醒我：那你呢？你算老幾？！

2016 5 17日

魯智滨

一次放学回家，我正跟同伴吹牛，隔壁班的一个家伙突从后面搂住了我：伙计，你们聊啥呢？说给我听听？我没搭碴，把他的胳膊拨开了。他不是别人，正是几年前拿男人的生殖器给我当外号的那位。这家伙又赖了吧唧凑上来，手伸进我衣服里糊撸了一把，尖笑着跑开了。

我白他一眼，回过头来继续跟同伴叙述我莫须有的神奇经历。走着走着我突感后背奇痒无比，伸手去挠，可越挠越痒。一回到家我就迫不及待地把棉袄和毛衣脱掉，光着身子让母亲给我挠，母亲发现我的后背已被挠出了好多血道子，吓了一跳，不敢再挠。可我越来越痒，最后痒得直哭。父亲仔细观察，发现我后背上有很多透明细小的玻璃纤维丝，状若仙人球的刺，很多纤维丝因我的抓挠已深陷到了肉里。母亲见我如此痛苦，也陪着我流泪，同时把那个手伸进我后背的家伙骂了个狗血淋头。如果把她的骂人话里所形容的内容拍成电影的话，定是一出惨绝人寰的超现实主义悲剧。

父母把我送进了医院，和医生们一起在灯下用镊子一根根地把那些纤维丝摘了出来，最后再给我敷上药膏，做完这一切已是后半夜了。

第二天到了学校，我如一头狮子般冲进了隔壁班的教室，我找到了那家伙，冲上去就是一阵乱拳：刘建国，你个娘的！

刘建国吓得直往后缩，我一路追击，从教室一直追到了操场，刘建国的女班主任跑过来死死拉住了我，那女班主任都搂住我的脖子了，我还竭尽全力一脚踢到了刘建国的腰眼上，同时嚎哭着：刘建国你狗日的，忒欺负人了你，呜呜呜……

这件事我们班有很多人目睹，很诧异像我这种长着猕猴身材的人竟会有如此威猛的壮举。

当然，这也是我人生中唯一一次主动跟人打架。这辈子我还有过几次打架的经历，不过那都是以挨揍为主，不提也罢。值得一提的是我的女同桌，一连三节课她都不敢跟我说话，老是不安地偷偷打量我。到了第四节课上课前，她突然凑过来说：你早上的样子可真吓人哪！

等的就是她这句。

小学我们曾开过一个学期的英语课，英语老师是外地人，脸盘很大，眼睛也很大，皮肤婴儿般白嫩，漂亮得谁见谁呆。她说话很像京剧的旦角念白，燕语莺声似的，说起英语那更是好听，每念一个单词，那摩擦音铮铮入耳，似一只只萤火虫泛着亮光转个圈儿“唰！”绕梁而去。她只要一开口，我们就被迷醉了，大家仿佛都忽闪着小翅膀在教室上空飞舞，她说几个单词，我们就随着那节奏在空中忽闪几下翅膀。我不禁感慨学校可真是个神奇的地方，如此仙女般的老师究竟是从哪里引进来的呢？怪了，我在县城的大街上怎么一个都碰不到呢？

全班英语成绩出奇的好，每次考试都有好多满分，皆是对老师迷恋的结果。大家都渴望着接近她，下课也围在她身边问长问短，一个个伸着脖子，把那高雅的香皂味闻个够，而我却从不敢那样做。

不知怎的，英语老师似对我有某种偏爱，老爱叫我站起来回答问题，我当然不会辜负她了，无一例外地对答如流。不过这也让我成了全班的公敌，那阵子常莫名其妙地挨同学的揍。

就从那时起，我做梦的内容涉及了一个全新的领域，我梦到英语老师瞪着大眼睛盯着我：今天有没有遵守纪律啊？我点了点头。她笑着在我脸上亲了一下，然后又问：有没有完成作业啊？我点点头。她又亲了我一下，又问：有没有专心听讲？我又点点头……

除了英语老师，我们的音乐老师也很值得一看。她不像英语老师那样有一种热气腾腾的美丽，她的魅力是另一类，用大人的话就是很有气质。她有好多件织着古怪图案的大粗线毛衣，像缠了一身的粉条子，实在是洋气。最引人注目的还要算她两个辫梢上分别烫的两朵丝瓜花了，这在当时更是绝无仅有。有时她讲着课，突然一扭头，用教鞭一敲黑板上的音符：同学们，请看！

这时她那两朵丝瓜花“唰”地舞动起来。她本意是让我们看音符，而我们看的全是那丝瓜花。

音乐老师也进入到了我的梦中，梦里是硝烟弥漫的战场，我们全班也不知犯了什么病了，竟然把音乐课堂搬到了战场上，音乐老师在讲台前望着我打着拍子，一句一句地指导着我唱，这时一颗炮弹呼啸着朝她飞来，我见状跑过去一把将音乐老师推开，梦就这么醒了……

我怎么就没死成呢？这个不过瘾的梦让我耿耿于怀，一见到音乐老师，我就觉得对不起她，不敢去抬眼看她。

要是我能为音乐老师死了该有多好！ 我一直都在想。

运动会是我最喜欢的，它对我的吸引甚至超过了放假和过年。从小到大我从未报名参加过任何体育比赛，可我喜欢两千多人搬着小板凳围坐在田径场的那种感觉。天上白云朵朵，清风徐徐吹来，大喇叭里来回播着由于唱针跳针而扭曲变形的《运动员进行曲》，会场每个角落都有穿着内裤在跳着脚套运动短裤的男女生，那浓郁的节日气氛好惬意。音乐有时突然中断了，噗！噗！大喇叭里传出两下试话筒的声音后是一个女子高亮而稚嫩的播音：参加四年级男子组 200 公尺预赛的同学，请马上到点录处点名！再播送一遍，参加四年级男子组 200 公尺……　这声音在整个县城上空悠悠回荡着。

你们说，所谓运动会，不都是这样吗！

我们坐在运动场周围，玩着扑克军棋象棋飞行棋，三五成群的，男女间也超越了藩篱，大方地一起做游戏，叫嚣笑闹着，老师也不怎么管，有时还参与其中呢。我同桌掏出大旅行包，把一大摞滑溜溜的画报“呼哧”一下拍到我腿上，这是她在几天前就承诺过的，除了画报，她还塞给我很多蛋糕奶糖苹果什么的，我概不拒绝。女同桌每到这时候就会偷光家里的零食，去讨好像我这样连谢谢都懒得说一声的混账男生。我明白她的心思，故意吃得狼吞虎咽，她看着心里一定乐开了花。每逢运动会或郊游，这些女生们都爱扮母亲的角色，无怨无悔地照顾男生们，她们可真是奇怪的动物啊！

我对跑道上的事情没兴趣，只想着趁这难得的自由时间在班里出洋相，跟男女生追打，唱《乡间的小路》摇滚版，学姜昆在相声里给病人打针，或模仿中国女排救球的慢镜头，逗得大家前仰后合。老师也捂着嘴咯咯地笑，我的滑稽杀伤力惊人，她想矜持也矜持不了了。

等拿手的几个噱头耍完了，我也就没了吸引力，大家又各玩各的，我则约上几个男生，趁着老师不注意鼠窜而逃。

第一天我们都不敢跑太远，就来到田径场附近的平房后，对着一棵大梧桐树赛飞镖，飞镖是大铁钉在铁轨上轧成的，镖头磨得很锋利，扎得梧桐树泪如泉涌。玩腻了我们就剪上几段干丝瓜秧，假模假式的当烟抽。烟也抽完了，大家纷纷掏出家伙，对着不知谁家房子的木门上泚满了尿，才恋恋不舍地离开。等到了运动会第二天，班上纪律就涣散个差不多了，我甚至会跑到附近的电影院里看电影，那感觉就像越狱犯赶上了狂欢节，运动会简直就是无所不能啊！

疯完了一圈回来，我发现那摞画报被人瓜分了，我一本本地讨回，最后还是少了一本，女同桌不高兴了，撅着嘴巴推着我的背逼我去找。又找了一圈还是没有，她不理我了，我只好过去扯她的袖子跟她道歉，却被她一次次甩开，然后她把头埋在臂弯里，不知是哭还是睡。我凑到她耳边拍着她肩膀耐心地跟她解释，刚耳语几句，感觉不对，待一抬头，发现全班都在看我，脸上皆挂着不怀好意，突爆发出震天的哄笑，我赶紧红着脸逃开了。从这儿起别人就天经地义地把我同桌说成了我媳妇，抵抗了一段时间，无效，我也就顺乎民意，动不动就喊她“媳妇儿、媳妇儿”的了。没办法，我的不要脸在班里是有名的。

花儿朵朵
媽个畫的，笑个屁呀。当時我想。突然發現我們的生活很像植物大戰僵尸。
2016 5.19 魯智深

我们这边正闹着，一声发令枪响，比赛开始了，大家见有自己的同学参赛，呼呼啦啦站起来涌上去。是男子1500公尺的决赛，跑在前头的是我们班的尹凤春。此人奇丑，眉骨突出，像极了北京猿人，学习也奇差，是留级的热门人选，然体育的天赋总能使他顺利升级，不管短跑还是长跑，每届运动会他总能给班里拿两三个冠军回来。我们高喊着尹凤春的名字为他加油，跑到倒数第二圈时，尹凤春仍遥遥领先，他眉头紧皱，表情似乎很痛苦，同学们纷纷认定他是渴得不行了。我自告奋勇地说我去，我的水里放了糖精了！

事不宜迟，我拎着绿色铝制军用水壶就冲了出去。我穿越跑道来到了田径场的里面，举着水壶追到了尹凤春的身后：尹凤春！喝口水！尹凤春不知是故意摆谱呢还是没有听见，头也不回地往前跑，我就这么一路追着他，我知道全场两千多双眼睛都在盯着我呢，有些紧张，可既然来了就不能退缩，我必须完成这次任务！想到这儿我发力狂奔，一下子跑到了尹凤春的前面，我边倒退着边把水壶端给他，尹凤春这才接了过去，仰天灌了几口，握着水壶继续跑。我跟着他跑，叫嚷着：水壶！给我水壶！我并不是想要回水壶，我担心他握着个水壶会影响速度。而尹凤春头也不回，把水壶随手往后一扔。那水壶不偏不倚，当得一声正打在我的头顶，疼得我蹲下来捂住脑袋使劲抓挠着，水壶里的糖精水浇得我浑身都是……

天地间忽得一声轰响，有如惊涛拍岸，环绕立体声的。那不是别的，是两千多人的爆笑声。

熊样，笑个屁呀。

当时我想。

童年

篇外篇

三岁那年，父母工作太忙，我被送到老家和爷爷奶奶一起生活了八个多月。当我再回到山亭医院时，完全不记得这儿的事了。奶奶牵着我的手回到家，母亲正跪在地上套被子，奶奶晃着我的手催我叫妈妈，我望着眼前这个陌生的女人陌生的房子，感到害怕。奶奶不断催我叫快叫妈妈呀，快叫啊。我慌了，扯着奶奶的手就往外拽：咱走吧，咱回家吧。奶奶说傻孩子，走哪儿去？这就是你的家啊！母亲听了满眼是泪，不知如何是好。我更害怕了，死命往外拽奶奶的手：我要回家，我不在这儿，我要回家！

奶奶被我拽得直趔趄：这什么孩子！一路上咱不是说得好好的，一进门就要叫妈妈的吗？我没话说了，甩开她，眼一闭，嘴一张，头一仰，炸雷一般嚎哭起来。二姐走过来，矜持地扯扯我的袖子：弟弟，别哭了。我往后一缩，反感地挣脱她，仰着天继续哭，直哭了半个多小时……

不过当晚我就跟家里人熟了，我被脱得精光睡在父母中间，这俩人像驯狗一样反复让我叫他们爸爸和妈妈，我一声比一声叫得响亮。母亲对我亲了又亲，问我最疼的人是谁，我说妈妈。父亲嫉妒了，又问一次，我还是说妈妈，第二疼爸爸。母亲问我那第三呢，我说第三疼奶奶，二姐第四，大姐第五……父亲又问：那小叔呢？我望着天花板，想了半天才说：他是另起一行的。

父母笑得满床打滚。

其后的若干年，父母还总爱提起我那句“另起一行”来。

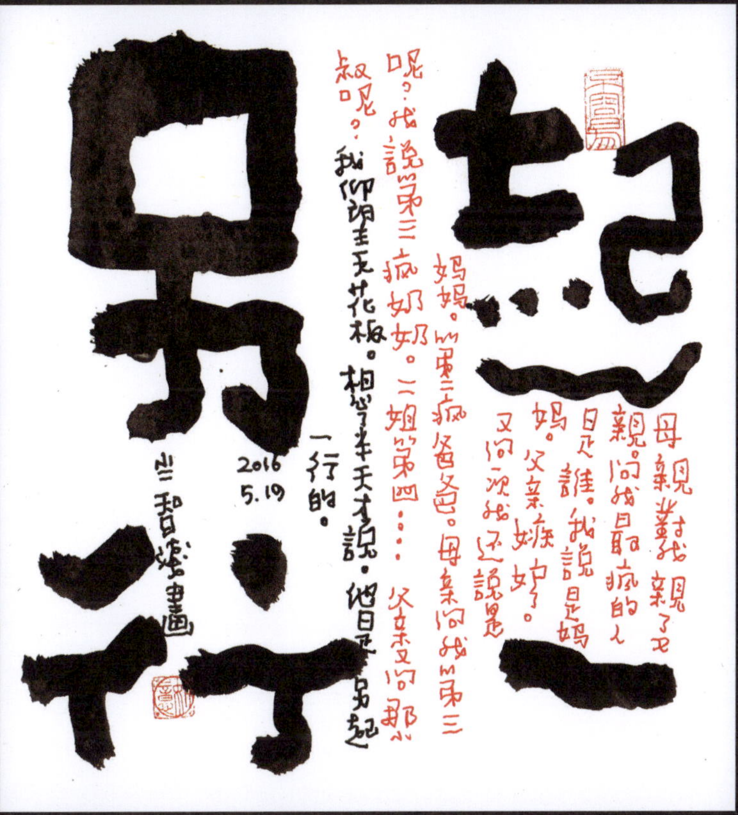
母親對我親了親。問我最疼的人是誰。我說是媽媽。父親嫉妒了。又問一次我還說是媽媽。以第二疼爸爸。母親問我以第三呢？我說第三疼奶奶。二姐第四……父親又問那叔叔呢？我仰望天花板。想了半天才說。總是另起一行的。
2016 5.19
書畫

二姐六岁就知道顾家了，在外面只要见了好东西总爱往家里带。一次大院里杀树，一颗大杨树被放倒了，二姐和其他小朋友就抢着劈树冠上的小树枝，要拿回家当柴火烧。那时候人们做事都很讲原则性，树是公家的，连一根树枝都不能许人动。负责杀树的人就把小孩们手里的树枝夺过来，然后把他们轰开。我二姐劈的树枝最多，抱都抱不过来。那人来夺，二姐就跑。那人就追，一直追出去几百米竟没追上，最后把二姐堵在了大院的墙角，得意地笑：嘿嘿，我叫你跑！

二姐回头见后面是个公共厕所，抱着树枝就钻了进去。那人傻眼了，没法闯女厕所，一时没了主意。他从外面看到厕所墙头上有一簇树枝在里面晃动着，知道二姐心里也着急着呢，索性就在厕所门口等着。过了一会儿，二姐抱着树枝悄悄走到门口，一探头，见那人在不远处抽着烟正冲她笑着，赶紧把身子又缩了回去。

一个小时过去了，二姐再次探出头来，那人还在。二姐只好硬着头皮返回厕所。

天色暗了下来，二姐再次探出头，发现那人不见了，左右环顾，确定那人真的走了，二姐这才走出厕所，使劲换了几口气，然后抱着树枝拼命往家跑。还没跑到家，二姐就冲着门口的母亲喊：妈，咱们家有柴火烧了！

等二姐把怀里的树枝如释重负地往地下一撂，母亲二话没说，抬手就给了二姐一巴掌。原来那人在厕所外堵不着二姐，就拐到我家里告了状，那时候父亲右派的帽子还没摘干净呢……

一部电影《刘三姐》让整个山亭镇都处于癫狂状态，片子在山亭礼堂只放两天，听说买票排队都差点挤死了人。凡是看过的人都神魂颠倒的，无论走哪儿都“多谢了”“笑死人嘞，哎了了啰”地唱着，你路上要是看到一个人没哼《刘三姐》都会觉着这个人是神经病。我们小孩最爱撇着嘴学那个狗腿子了：“你头顶着莫老爷的天，脚踩着莫老爷的地……”没看上的人呢，也整天神魂颠倒的，脑子老幻想着刘三姐应该漂亮成啥样呢，意淫着，也挺美。

曾经有个三十多岁的女人，步行七十里到我们山亭看《刘三姐》，没买上票，急得爬上了山亭礼堂两米多高的墙头，礼堂的墙头上用水泥砌满了碎玻璃碴子，这女人爬上墙时，两个胳膊已是血肉模糊，她若无其事地猫在礼堂外，隔着一侧的门缝看完了《刘三姐》。电影放完了，女人的上衣和裤子也全被鲜血染红了。她毫不在意，到山亭医院包扎的时候，脸上还是志得意满的样子。

父亲那时候最爱让我们猜一个谜语：你妈妈，打一部电影，是什么？快说！

刘三姐呗。我慢条斯理地回答，都已经问了六遍了，还有什么好猜的？

每每我说完答案，父亲总是讪讪地得意地一笑，阿牛哥般扭身而去。

不瞒您说，我母亲排行老三，也姓刘。

父亲有一大爱好就是送礼。他送礼不是给上级，而是亲戚朋友邻居什么的。他也不是逢年过节才送，常常是吃完晚饭，突然心血来潮想去朋友家坐坐，备上几包点心和水果拉着母亲就去了。父亲是很有些名气的医生，慕门来看病的老乡很多，父亲义务给人家诊病不说，还请人家在家里吃饭，甚至还留他们在我们家过夜。病快快的老女人一咳嗽就是一夜，还把鼻涕抹在我的床帮上。他们走了，父亲还拿出平时都舍不得给我们吃的糕点送给他们，简直把我气疯了。

父亲种的葡萄熟了，他会分成二十几等份，派我和姐姐们挨家挨户地往邻居家送，一家平均还分不够两串，他就把一串劈做两半，我觉得丢人，不去送，他说多少是个意思，让大伙儿尝个新鲜嘛，我就去了。我们家的香椿树长嫩叶了，大院里每家每户第一时间就可以吃到，等我们自己吃的时候已经是第二茬的大叶子了，凉拌已经不香，只能挂糊炸着吃。父亲的人造革提包里总是装了好些糖块，那些糖没我的份儿，那是专门给陌生的小孩预备的，出门在外要是碰上同事或者病人的孩子，他会蹲下来抓一把糖块来哄人家。

当然了，也有很多人给我们家送礼，有时得了稀罕物，腊肉黄花鱼菠萝罐头什么的，母亲就藏起来，柜子顶上或者床底下，可还是总能被父亲找到，转手又偷偷送人了。母亲觉得这日子过不下去了，又哭又闹，隔着墙我们就听父亲床头温言软语地劝母亲，一劝就是一整夜，说什么再不瞎送礼了，还写保证书什么的。可家里一旦再有了好东西还是进不了我们的嘴，不知又便宜了哪个不靠谱的人了。

父亲如此爱送礼，却绝非那种不会过日子的人，他极节俭的，一条皮带勒了十八年，一副塑料眼镜戴二十几年，好几处都缠满了白胶布。为省钱他从不进理发馆，都交由我母亲打理，我母亲理发酷似行为艺术，总是灵感多多，每逢理完发那几日，父亲一出门便会在大院里引发不少窃笑，母亲耿耿于怀，父亲就宽慰母亲：刚理完都这样，等过几天长出来就好了。在我的记忆里，他几乎没有带里子的中山装，冬天就把单层的中山装套在对襟大棉袄外面，鼓鼓囊囊的。他给几百人的医士培训班讲课，脚上穿着姥姥缝的毛窝，走起来像拖了两颗地雷，可真算得上丢人丢到姥姥家了。

每当母亲炒完菜，父亲就会拿碎馒头去擦锅上的油底子，直至锅被擦得锃亮，父亲说馒头就着锅底子油吃最香了。这还不是最离谱的，有一回我们家喝面疙瘩汤，我刚喝一口就吐了，接着大姐二姐也噗噗声不绝于耳。咋这么苦呢？我们开始找原因，盐放多了？汤烧煳了？面过期了？……都不是。最后父亲不好意思地招出了实情：原来为了节约水资源，他把昨夜热水袋里的水倒进了汤锅里……

小时候最怕寂寞，漫长的暑假里突然没人理了，人生一下没了着落。对威严的父亲我唯恐避之不及，两个清高的姐姐从不拿正眼看我，妈妈倒是很平易近人，可下班一回家就忙着洗衣服，她在搓衣板上搓着衣服，胳膊肘不断捣着我的肚子，我还锲而不舍地一次次往她身边凑，终于把她烦得不行了：滚！

垂头丧气地离开家，大院里我的适龄朋友只有克天克地兄弟俩，前几天去他们家，其父母用无数次的横眉冷对暗示我那里并不欢迎我，可以理解，他们是怕我把他们的两个儿子带坏了。尽管和克天克地有着永远聊不尽的有趣话题，我还是不打算再去找他们了。

蹲地上用卫生球药了会蚂蚁，很快就玩腻了，去跟跳皮筋的女孩们凑热闹，以为她们定会趁机邀请我，谁知这帮不解风情的小娘们竟把皮筋收了，齐骂着我“小流氓”，瞬间跑远了。

坐在墙角，无聊得不行，不知不觉地我开始编故事，一人冲着墙绘声绘色地讲起自己的奇幻经历来，我的英勇行为征服了各种有地位有权势有名气的人，如何如何受欢迎被尊崇，粉丝如麻。故事越来越曲折越离奇越激烈，讲得我口干舌燥却兴致盎然。直到暮色降临，附近响起二姐不耐烦地叫我回家吃饭的喊声，我才意犹未尽地告一段落。

很想把故事讲给克天克地听，站在他们家门外，仰望着屋内的灯光，听着里面的笑闹声，我想不出穿越他们父母的封锁线的办法，只好带着这个惊天地泣鬼神的故事黯然离开。回到那个墙角，黑夜里我不顾蚊虫叮咬继续一个人讲下去，我又一次入了迷，在故事里把自己吹得越来越神。讲到 HIGH 处我还会站起来拳打脚踢，兼任演员，比划着故事里的动作，我越来越崇拜自己了：真是不可思议哈，我怎么就这么了不起呢！大院里这帮俗人要是知道他们的身边还住着像我这样伟大的人，他们该有多惊讶啊！一想起来他们眼珠子快要瞪出眼眶的样子，我就忍不住要窃笑。

若干年后，我成了一个专靠讲故事吃饭的人。

2016.4.28 吕尚

每年都有卖小鸡的来院里吆喝，我一听到就跑去看，卖小鸡的推个自行车，车两边各有一个草编的大笼子，里面挤满了叽叽喳喳黄绒球般的小鸡。每年我和二姐都会央求母亲买上几个，一买回来我们抢着把小鸡捧在手心里，喂它小米吃，使劲闻它身上的乳香味。从此我们放学第一件事就是打开纸盒，看小鸡们是不是长大一点了。二姐学习好，母亲说小鸡是给她的奖品，二姐不让我碰。嘁！碰它？闲的我！不就几个破鸡吗？什么了不起的！没办法，我只能像周扒皮一样在半夜里出来看望它们。纸盒里小鸡们站着挤成一团，很可爱地眯着眼睡觉，最小的那只被挤在了外围，冷得唧唧叫。我怒了，拎起小的往鸡堆里塞，把个头最大的那孙子扔到外边：熊样，你给我靠边，五讲四美怎么学的你？！

虽然我们百般疼爱，然小鸡们多半活不长，养十只最后能有两只活下来就不错了，常常是全军覆没。小鸡屁股上如结了脏的嘎巴就活不长了，这说明它拉稀了，极不容易好。

一次邻居小男孩大平考试不及格，他父亲边揍他边提同年级的我二姐：你看看人家是怎么学的！

挨完揍大平拧劲上来了，拿着书本追着二姐煞有介事地请教，二姐从不跟任何男生说话，认为大平是耍流氓。可二姐走哪儿大平就追哪儿，大平追得急，二姐逃到小西屋，飞快地把门一关，结果把一只小鸡给生生挤住了。

二姐赶紧开门，蹲下来捧起小鸡，小鸡的身体已变形，细细的小爪子微弱地一伸一伸的……

二姐以往伤心都是仰天嚎哭，天女散花般洋洋洒洒，这次却是极细微的呜咽，身子还微颤着，完全大人的上乘哭法，显然是难过到了极点。二姐在被窝里搂着小鸡的尸体，就这么很大人地呜咽了整整一夜。

上乘哭法

二姐以往伤心都是仰天高嚎哭。天女散花般洋洋洒洒。这次却是极细如微的呜咽。身子还微微颤着。完全是大的上乘哭法……

2016
5.21

老范是我家隔门的邻居，四十七八了还没娶媳妇，在当时这是很另类的事，老范因此妇孺皆知，人人先老范之忧而忧。老范在皮防站上班，工资不低，人不残也没病，性功能良好，不断有人给老范介绍对象，不知为啥都没成，也许是他长了一个金鱼般的嘴巴的缘故吧！

家里做了好吃的父母都会派我给老范送一份，送去往往不到半小时，老范必拿着水果点心来回礼，这让父母很窘迫，显然老范不想欠我们的人情。

老范如此孤僻之人，偏偏在院门上安了个门铃。这种神奇的家用电器我还是头一回见，每经过他家，如不去亲手按一下，我是很难原谅自己的。家里没好吃的可送去，我只有按了门铃就跑，然后远远地听老范站在门口张着金鱼嘴大骂。

有时我们几个孩子夜里在他院门口按下门铃，然后怪腔怪调地喊：老范，你媳妇来了，快开门呀！老范不理。我们更放肆了，捏着嗓子学女人的声音：死鬼，是我呀，再不开门，看我进屋怎么收拾你！

我们正闹着，哗！门开了，老范猛兽出笼般冲出。我们撒腿就跑，老范边骂边把手里的东西朝我们扔来，一个黏糊糊的烂茄子正糊在我的后背上。心爱的白背心留下了一大块紫斑，怎么也洗不掉，气得我把老范的祖宗八代骂了个溜够，还偷偷把骂人话用粉笔写在老范的门上。

老范没费吹灰之力就从那几个字的神韵中认出是我写的，找我父亲告了一状，很快父亲用大巴掌把我背心上的紫茄子色复制到了我的屁股上。老范闻讯来劝，我却恨透了他，从此任他如何跟我打招呼，均视他为空气。

三年后老范终于娶了媳妇，全院释然。媳妇还不到三十，据说从人贩子那里买来的，一嘴鸟语谁都听不懂。次年老范有了个儿子，大家蜂拥而至前往观摩。好奇心让我也不计前嫌，溜进了他家，老范媳妇把孩子让我抱，那婴儿白白胖胖的，目不转睛地盯着我，还好，不是金鱼嘴。

在山亭医院的家属院，小孩多得满地跑，平时我就最疯，过年更别提了，一天到晚都能听到我虚张声势的叫嚣声。那时过年我的主要娱乐是鞭炮，俗话说“闺女要花儿要炮，老头儿要个烂毡帽”，父母再穷也会给孩子买上两挂鞭炮。我不舍得一块放，就拆了一个一个地放。点根香到处溜达，见附近有人，点上一个往天上一扔，一声脆响，吓他一跳，然后若无其事地走开，让他的白眼扫不到我。到了鸡窝，趁人不备扔进去一个，把老母鸡炸得一蹿好几米高，我管这叫飞鸡。小伙伴们一聚，缺德主意更多了，我们用鞭炮炸沙堆，觉得不过瘾，找来废酒瓶，把鞭炮搁里面，“咣”！碎玻璃四溅。我们还跑到公厕里炸大粪，大人知道了，我们成了人人喊打的老鼠，父母们各自追骂着自家的孩子，在大院的空地上如水银泻地。

除了鞭炮，还有一种手持的烟花，纸做的芯里装满了烟花药，一点噼噼啪啪闪电光，我们叫它“电光滴溜筋儿”，那是女孩子玩的东西，我们觉得太小资，不屑玩。我最喜欢的是旗火，北京人叫钻天猴，长长的竹签的末端包着个鞭炮大的纸管儿，点着捻子，“嗤”地直冲云霄，窜起一道长长的火线，到了高空再听它庄严地遥遥一声脆响，很气魄。我不敢手拿，请父亲代劳，我负责点火。父亲不在身旁时我就插到雪堆里放，无奈插得太死，旗火着了竟飞不动，在雪堆里喷完了火并闷在里面把鞭炮炸响，惹得伙伴们咯咯嘲笑。

鞭炮很快放没了，不甘心，就捡地上没炸的哑炮，把两个哑炮掰开，裂开的火药口互相对着，火柴点了其中一个，喷出的火焰就把另一个哑炮也点燃了，互相喷火，我们管这叫“老太太泚老头儿”。

过年的重头戏要数大年三十年夜饭过后，各家各户开始搬着板凳出门，因为到了放泥窝窝的时间。泥窝窝是我们那里唯一的烟花，就是用泥巴捏成窝头状，里面填上花药，窝头顶端有个短短的引子，点着后，会从泥窝窝里窜出一丈高的火树银花来，璀璨耀眼之极。长长一排宿舍前，几十个泥窝窝同时绽放，很壮观。那气氛休说小孩，连大人都不免要攀比，看哪家的泥窝窝窜得最高、持续时间最久。父亲作弊，椅子上又摞高脚凳，再把泥窝窝放上，结果我们家的泥窝窝得的赞扬最多，等回屋发现椅子上有块油漆被烧黑了，母亲没少嘟囔，那是她陪嫁带来的椅子。

除了泥窝窝，也偶有人到县城买来彩纸筒裹的洋烟花，那是我们小孩最羡慕的，蜂拥而至，不单是为了看花，主要是想等花一放完好抢那废纸筒。之后很多年我都养成大年初一早起的习惯，就为了捡别人家丢下的花花绿绿的废烟花纸筒。

大年初一上午，姨父给我带来了重磅大礼，一枚名曰满天星的国营厂家出品的彩色纸筒烟花，据说烟花点燃后会发出一声巨响，火药将不可思议地飞到天上，在夜空里闪出一片耀眼的星光。晚饭后，父亲有选择性地邀了一些邻居，聚拢成大圈，共赏这人间盛景。反复阅读了说明后，神情忐忑的父亲小心翼翼地去点燃烟花，二姐想捂住我的耳朵，被我厌烦地拨开了，看烟花要听不到这一响还看个屁呀！

烟花点着了，咚！一声闷响，所有人立刻仰头，一秒，两秒，……直到一分钟过去了，夜空仍是黑漆漆的，什么也没有。在大家的怂恿下，父亲过去冒险拿起了那个烟花纸筒，里面的药竟不翼而飞了。大家兴味索然地散去，有人还嘲笑说星星被玉皇大帝收走了，让我们一家很没面子。

入夜，突然传来睡在布帘另一端的母亲的呵斥：别光顾自己睡，看好你弟弟，他要是受凉了我饶不了你。二姐听了不情愿地翻过身来，把我搂紧了。渐渐地她睡着了，我拨开她的胳膊下了床。我站在门口，仰望夜空，这满天星究竟跑哪儿去了？是不是亮过了我们没看到？还是到后半夜的某一刻才会亮？

我穿着秋衣等了很久，还是没看到半颗星星，我认定不可能再有了，学着大人的口气嘟囔一句：日他个小浪娘的，坑人。悻悻地回屋睡觉。

次日我感冒了，二姐少不了挨顿臭骂。

后来我拿着那个废纸筒建议姨父去县城找人家赔，姨父说赔个屁赔。

学校流行调座位，几乎每两个月就调一次，老师怕学生混得太熟了会影响学习，试图用颠覆我们的人际关系来换取全班的好成绩。我有过不少女同桌，我最爱欺负她们，想出各种办法捉弄她们，她们一而再发誓决不理我，结果誓言总是只维持三五天，她们就被我充满善意的死乞白赖的骚扰感动了，跟我重归于好。一次一个从生活到考场都对我很照顾的女同桌被调走了，收拾书包时她一言不发，偷偷瞥了我一眼，目光竟带着一丝伤感。这一下把我震撼了，只觉天昏地暗，人生无趣到了极点。

以后再见到她，心里沉重得不行，她感觉到了我的目光，就算在和别人说笑，脸色也会蓦然一沉。那感觉现在回忆起来，和成人的失恋没啥两样。此后我换了一个又一个女同桌，渐渐地懒得再调戏她们了，我是害怕再面对下次调座时的伤感离别。

一天早上，老师故伎重施，突然宣布调座，班里又一次乱哄哄地展开全民人事调动。等我在新座位上坐定时我惊呆了，身旁竟是久违的她，我们又是同桌了！只有九岁的我们还不好意思互相打个招呼，甚至是笑一笑，都各自假装整理着铅笔盒，其实内心里早被冲天的幸福笼罩了。好像这世上什么也没有，只有我和她，我们是久别重逢的小两口，是命运无法拆散的。那感觉其实和成年人沉浸爱河的幸福没啥两样，至少在元素上都是相同的。

小时看电影最爱哭，我是个立场坚定爱憎分明的人，好人没好报是我不能接受的，哭得最凶，但一般不发出声音，只是把头埋进母亲怀里，让眼泪默默地流淌。我恨那些坏人，放着好人不做，干嘛非要做人人得而诛之的坏人？真想把这些变态的家伙挨个儿掐死。

看印度电影《奴里》，那时我还不懂强奸意味着什么，很纳闷美丽的奴里怎么就被坏男人害得那么惨，但这不影响我对奴里的同情，片子整个后半段我的泪如泉涌源源不绝。

除了悲剧，喜剧片我也哭，卓别林和流浪儿的故事我是一边笑一边哭，他们终于骗到了一顿饱饭我仍在哭，他们的下一顿该如何解决呢？

战争片我也哭，两军交战焦灼之际，军号一响，大部队来了。很多人鼓掌欢呼，我却咧着大嘴哭：奶奶的怎么才来啊？好几个主角都死了。除了故事片，加演的纪录片《祖国新貌》我也哭，麦子丰收，猪羊满圈鱼满舱，富裕的农民脸上乐开了花，我抹着眼泪，真替他们高兴啊！

不单情节，我还为电影的插曲哭过。看《大篷车》，富家女被仇家一路追杀，无奈混入吉普赛人的大篷车流动演出团，由于缺少节目，富家女被男主角赶鸭子上架拽上了舞台，非逼她唱一段。惊慌失措的富家女告诉他自己从来就没唱过歌，男主角边跳着舞边劝富家女随便唱什么都行。富家女不干，就往台下跑，被男主角又拽回，二人小声争吵起来。眼看演出要砸了，音乐突然骤停，富家女杏眼圆睁，一张口飙出一串直冲云霄的高音，明亮华丽之极，一霎时惊艳了全场。那歌声就好比独自一人在旷野中，抬头发现阴灰的苍穹瞬间变成了七彩绚烂的大锅盖。我被这惊世骇俗的歌喉深深震撼，泪水早已夺眶而出。

我喜欢跟年龄大的孩子玩，不屑于跟年龄比自己小的孩子为伍，八岁的我爱和十几岁的孩子玩，甚至常尾随在二十岁左右的大小伙子屁股后边，他们去哪儿我去哪儿，母亲美其名曰："跟着大鱼上串"。我觉得和大孩子玩可以长见识，和小孩子玩，自己的见识都被他们长去了，很不划算。

一次我执着地跟在住我们后院的建华哥身后，他打鸟我就一旁观察他的姿势，鸟落了我就帮着捡，鸟飞了我就轻叹一声；他用卫生球药蚂蚁，我就在一边上看，尽管手段不比我高明多少，我也一旁虚心地默默观察。其间如果他抬头往某个方向看上一眼，我也会立刻朝那个方向看，生怕漏下了什么有意义的事物。最后他实在是被我烦坏了，就问我敢不敢去把医科所窗户上的马蜂窝捅下来。小时候我做人的原则是这样的：一旦有"敢不敢"的句式出现，我的回答是绝对不可能出现"不敢"字样的。他话音刚落，我就找了一根短棍，做好了战前准备，他兴奋起来，扔了卫生球领我去医科所。沿途中他还叫了几个小孩一起看热闹。等我来到那个马蜂窝下面时，已经聚了十几个小孩了。

马蜂窝不大，十几个黑黄相间的大马蜂叫嚣着在四周绕来绕去，我有点害怕了，可再怕也是不会放弃的，尤其是围观的孩子里还有不少五六岁的小屁崽子。我举着小棍一步步接近了马蜂窝，医科所上班的大人立刻高声制止我。小时候我做人的原则是这样的：一旦有人（我父母除外）对我说"千万别这样做"的句式，我接下来的行为一般是"一定要这样做"。大人的制止声反而让我增添了最后的勇气。我猛地戳了一下，没戳到，接着又戳了一下，吧嗒！马蜂窝掉在了地上，窝内的马蜂悉数飞出，再加上在外面盘旋的那些，全体马蜂一齐飞来，大家叫嚷着逃窜，大人都跑进了办公室，我们小孩只能在露天一路狂奔。那些马蜂似乎都清楚破坏其家园的罪魁祸首就是我，齐冲我飞来，正所谓"蜂拥而至"。我捂着脑袋一直狂奔近百米，跑到家赶紧关上门，那些马蜂还真的飞到我家院里了呢，好险！

在屋里待了半个多小时，我好奇地走出门，发现还有一两只马蜂在院里飞来飞去，侦察机似的，我赶紧又逃回屋里。两个小时后该吃晚饭了，那时是夏天，我们都在院里的水泥桌上吃晚饭，我求母亲给我拨点菜让我屋里吃，母亲说戳马蜂窝还有功了你？还开小灶？老实地给我出来吃饭！当时在医科所上班的父亲才知此前在单位引起的混乱是我造成的，气冲冲地要进屋教训我。我赶紧跑到院子里，缩在母亲身旁做乖宝宝状，父亲被母亲劝住了，不再理我。我飞速窜进了屋里又窜回来，家人一见我全乐了，因为我把大姐的红纱巾罩在了脑袋上。我掀开纱巾的一角，夹了口菜塞进嘴里，赶紧又放下纱巾。父亲勒令我把纱巾摘了，我死活就不摘。小时候我做人的原则是这样的：如果母亲明确表态要保护我，那么就算父亲再凶，我也视而不见，更何况罩纱巾本身就是英明的防蜂措施。

大姐二姐边吃饭边抬头帮我汇报着马蜂的最新飞行轨迹，十分钟过去了，她们异口同声地说飞走了飞走了，没事了。我这才战战兢兢地摘下了纱巾，开始大口地喝稀饭。就在此刻我突觉后脖梗子奇痒，下意识伸手一拍，脖子立刻一阵刺痛，一个马蜂掉在了地上，死了。

母亲高呼：快拿碘酒来，还有镊子！大姐二姐纷纷往屋里跑。这时我的脖子才开始一阵阵地肿痛，我才明白自己是被马蜂蜇了。

父亲用镊子帮我摘出了毒刺，给我消炎杀菌，尽管如此，我的脖子还是疼了好几天。

马蜂是记仇的动物，且记忆力惊人，信不信由你，反正我信。

我食量惊人，永远都吃不饱，却骨瘦如柴。母亲怀疑她在养活我的同时也养活了我肚里的蛔虫家族，没事就往我嘴里塞宝塔糖，其实我再健康不过，不该长肉的时候我绝不瞎长。母亲每次炒菜量都很大，除了我是个大胃王，我的两个姐姐也不是省油的灯，母亲形容我们仨是菜龙菜虎菜霸王，一旦菜做得香了，馒头等主食往往是等菜都抢光了才动，饭桌上此起彼伏回响着食物下咽后短暂缺氧的喘息声和烫了嘴后尖锐的吸气声。

平日难吃到零食，我们就各自开动脑筋。夜里饿极了我会到厨房偷醋喝，那时的醋很淡，酸中带甜，一口灌下去很像冰镇可乐。酱油也是我的至爱，每到供销社我就会下意识地走向调料柜台，在售货员给人打酱油时狠狠用鼻子吸那腥腥的香味，甚至会凑到水泥柜台旁，趁人不备飞快地伸舌头去舔上面残留的盐巴。

二姐比我还馋，她不像我只痴迷于调料类，她几乎尝过我们家附近野地里所有的草根和野果子，无畏堪比神农。她会把鲜玉米秸当甘蔗啃，说很甜。她偶尔也会赏我几粒绿豆大小的野果子，味道果然鲜美。

晚饭煮饺子，剩了一些妈妈就放到厨房，次日妈妈发现饺子的边儿全没了，只剩下满盘的馅儿。妈妈害怕了，四处放耗子药，她做梦也想不到自己的闺女会有肉馅不吃只吃饺子皮的小资品味。二姐和我住一屋，她佯装起夜出去，再躺回床上时一个饱嗝喷薄而出，满屋饺子皮的香气。

大姐更馋，有时父亲带了糖果，分三等份给我们。大姐先不吃自己那一份，而是凑到我跟前，低三下四地求我卖给她我那一份。五分巨款不算小数目，甚至可买到比我那一份更多的糖果，她居心何在？无非是想把好吃的一个人独吞呗。我犹豫良久，还是决定卖她，毕竟五分钱可买到不少有趣的玩具呢。交易后我有些后悔了，求她掰下一小块，让我尝尝什么味。大姐却撂下脸，再不理我。我不管，无论她走哪儿我都跟到哪儿，不过心里明镜似的：没用的，没可能了。

那时送礼时兴送点心，像什么三刀子、姜丝儿、猫屎撅、红炉，一斤一个纸包，纸绳子十字花一系，是我们生日许愿时第一个浮现脑海的东西。家里有了点心，父母怕我们一起吃光，就花尽心思掩藏，而我们仨就到处找，大人小孩两派之间斗智斗勇，互有胜负。这方面二姐更有智慧，无论父母把点心藏到哪儿，总能被她找到，找到后她不一次吃个痛快，而是在包点心的马粪纸袋上挖一个小孔，每次只掏出一两块，下次想吃了再去掏。家里来了客人，妈妈踩着凳子到大衣柜上面取点心，双手一捧，差点没晃一个跟头，捧着盛点心的空纸包轻得就像捧了个气球。

案件频发，父母不知窃贼是我们中的哪一个，遂不声张，但家中谍战气氛日趋白热化。一日清晨，二姐上学前趁家中无人，飞快地搬过椅子，椅子上又摞了凳子，她爬到上面，掀开书柜上的纸箱的盖子，从里面纸包里熟练地掏出了两片“红炉”点心，一回头，傻眼了。

窗外，父亲踮着脚尖，脸贴着玻璃，正挤着眼睛冲她微笑呢！

课间我被几个伙伴叫去，神秘兮兮地朝学校西南角跑，西南角是一个大垃圾坑，垃圾坑后有两棵大槐树，那儿臭气熏天，老师们绝不会光顾，却是我们的伊甸园。

几个人一路狂奔，我边跟着跑边问其中一伙伴什么事，他说是搞到了特别棒的图片。我想一定是装甲车或战斗机的图片，兴奋地发力跑到了最前边。

来到了大槐树，为首的大脑袋让我们发誓绝不许把这事说出去，我们立刻答应。他有些慌张地从衬衫口袋里掏出了一张皱皱巴巴的照片，我凑过去一看，根本不是什么战斗机，照片里一个光着上身的女的在咧嘴笑，此外什么也没有。

我很纳闷，就问他们战斗机呢。大脑袋说什么战斗机，这可是邓丽君的裸体相你懂吗？邓丽君我不认识，裸体是个什么我更不懂。为表示对他的尊重，我耐着性子又凑过去仔细地端详了一遍，那照片上的女子露着一对大乳房，像吊着两个面瓜，瓜太重了，得时刻用手托着才可以。

我兴味索然，小时每周都去女澡堂子洗澡，这个最不稀奇了。我真替他们的孤陋寡闻感到悲哀，不去关心战斗机，竟然对小娘儿们感兴趣，真是一群七叶子（家乡俚语：小流氓的意思）。我更对照片上的那女的感到纳闷（事后证明那女的根本不是什么邓丽君），我一向认为只有生孩子的女人才会长乳房呢，乳房都是奶水憋大的。既然不生孩子，还长那么麻烦的东西干嘛？纯属虚张声势不务正业。我转身要走，大脑袋紧张地叫住我：你要去哪儿？你可不许说出去！我再次向他们发了一通毒誓后走开了。

可仅过了一年，我的兴趣就开始颠倒过来了。世事难料啊！

我是典型的人来疯，打小就是，家乡话叫“谝圣人蛋”。跟很多婴幼儿童一样，我最受不了在公众场合被冷落，即使还没学会说话，也会在大人们兴致勃勃聊天时用一声尖厉的海豚音打断他们。长到三四岁，我会满屋疯跑叫嚷，就为了搅乱大人的谈话，必须的。

再大一点咱就有节目了，我会突然严肃地站到大人们中间，沉默片刻，“嘭！”放出一个响屁，大人们边捂鼻子边笑，让我很有成就感。不过滥用肛门括约肌也有不利的一面，有时会判断失误，无意中创作出一裤衩的黄菊花……

后来我利用仿声学原理做了改良，用嘴去吹胳膊，竟也能放出“屁”来，多快好省，大人们也笑得更欢。

等到七岁，大院就完全是我的天下了。夏天人们到院子里纳凉，我的独角戏则是他们的最爱。当下在放什么电影，我就会把什么台词什么插曲学给大家听，无不惟妙惟肖。我最拿手的是学卓别林，走路耸肩膀耍拐杖，邻居们笑得比在电影院里还厉害。我告诉他们外国人的名字是反着的，卓别林姓林，我姓刘，我叫卓别刘。以后院里的人见了我都叫我卓别刘。由于我太幽默，很多大人都断言谁要是跟了我成了我媳妇就忒幸福了，还不得天天笑得肚子疼。很可惜，这些有大智慧的人讲的如此实在的话，在我成人后竟被严重忽视，现在的女人啊，都在忙什么呢你们！

到了学校我更爱耍宝，因竞争对手太多，稍稍不努力就会被同学们忘却。做个默默无闻的好学生？切，干脆让我死了算了。我出洋相的时间一般在早晨上课之前，为有更多的演出时间，我一般天不亮就往学校赶。到了学校，先在黑板上画几个滑稽的小人儿，然后和同伴大声地斗嘴，用当时极少人说的普通话即兴表演着荒诞话剧。女排那时最热门，我和同伴们就把外套系成疙瘩，我演郎平他演张蓉芳，在讲台上边打“排球”边高声解说：郎平扣球！勾手飘球！……谁说你得分了？现在是交换发球权！你懂个屁！……

打着打着就骂，骂着骂着就揍，揍着揍着发现来拉架的竟是班主任，原来上课铃早响了我们都不知道。同学们齐声朗读着课文，我和身旁的“张蓉芳”满头大汗地在讲台上歪着肩膀罚站，我们俩板着个脸，肚子起起伏伏的，频率默契。班主任帮我解那个外套“排球”，我系得太死了，她怎么也解不开。

那个下午说不出的压抑，虽已是秋天还特别闷热，鸡叫的声音都很怪，半天才嘟囔一声。医院宿舍大院里只有我和向文在摔元宝（一种纸叠成的正方形玩具，有正面和反面。游戏一般两人玩，拿一个去拍打地面上的另一个，如能把地上的元宝翻过来，则元宝就归自己所有）。

我们摔得昏天黑地胳膊铁酸，最后向文赢了我兜里的全部元宝，一声不吭地把元宝收起来。他很识相，明白输光了的我是惹不起的，多说话搞不好我会揍他一顿。我们往各自的家里走，看到坐在家门口的丁老头突然跪在地上一动不动了，腚撅得老高，他身边的收音机里发出令人很难受的音乐。我们不明所以，站住了。过了一会儿，丁老头开始用大巴掌一下下得拍着地，哇哇地哭了起来。

就在这时，我们身后一大排的防震棚里突然也传出了炸雷般的哭声，和声丰富，升调和降调混在一起，显然不是一个人。我们顾不得丁老头，转身冲防震棚跑去。

防震棚都是用苇子和席子搭的，为了省料各家各户都搭在了一起，很像战地病房。我们冲进防震棚里，眼前的恐怖场面终生难忘：我们这些朝夕相处的邻居们，男女老少们，大约有二三十人，或躺或趴或坐，都在号啕大哭，声声惨嚎直刺耳膜。十七八岁的女孩，竟在床上滚来滚去地哭，完全不顾了少女的形象。

向文含泪看着我，一脸无助，尽管还不明白发生了什么，他胆已经吓破了。我想起什么，扭头冲药房飞跑，向文一路跟来。来到医院药房，我见母亲和同事们也在歪七扭八异口同声地哀嚎，感觉到了世界末日。我越过这些绝望的躯体，找到了母亲，摇着她的手问到底怎么了。母亲哽咽着说天塌了我的儿。我问怎么塌的。她说毛主席逝世了。

适逢爱国卫生活动月，学校发动除四害运动，根据害虫的数量评选出除四害标兵并给予奖励。由于老鼠的尸体太大且易发臭，蚊子尸体太小不易辨认，臭虫太臭，最受青睐的当属苍蝇。

活动一宣布，全校上下顿时杀气腾腾，苍蝇拍很快脱销，孩子的任务就是大人的圣旨，全县几乎人人手持个苍蝇拍到处寻寻觅觅着。我和二姐在一个学校，无奈家中苍蝇有限，父母打了苍蝇都归我。二姐只有撅着嘴扛着苍蝇拍到外面自食其力。可怜天下父母心，他们为了招引苍蝇什么招都用上了，门窗大敞、食物全摊开、杀了鱼把内脏丢在当院，不光我家，家家如此，天天饭桌上研究什么东西更腥更臭更受苍蝇欢迎。本以为打了不少了，课间一了解才知道，有的同学竟打了一百多只了。我盒子里可怜的二三十只还不够塞牙缝的呢。怎么办？伙伴慷慨地告诉我一个大秘密，厕所苍蝇多，他蹲厕所里才一上午，就打了八十多只。

我如获至宝，回家直奔公厕，才发现那儿早被占领了，两家孩子的父母正挥舞着苍蝇拍为到底谁先承包的厕所跳脚大吵呢。我只好退回，往附近的公共厕所去，无奈，全有人虎视眈眈地据守着：拉屎撒尿，请——便；想带走一只苍蝇，做——梦！

后来父亲也想了个办法，用敌敌畏药苍蝇，屋里院外乱喷，药死的苍蝇没几个，我们晚上睡觉差点没熏死。课间同学的话题全是有关苍蝇的，大家八仙过海各显其能，什么招儿都有，副班长的父亲甚至开始尝试用蛆来繁殖苍蝇了……

交苍蝇的期限在迫近，我整日忧心忡忡，夜里梦到自己变成一个大苍蝇，嘴里像吐肥皂泡一样吐出成千上万个小苍蝇。此梦果是吉兆，次日探亲回来的母亲给我带来了重磅大礼：二百多只苍蝇，且多是极品的大绿豆蝇。这是乡下二姨和姥姥发动全家守着饭桌和茅坑一只只拍出来的。我心花怒放，二姐则委屈地哭了。母亲解释说我们俩都交苍蝇，只能攻其中的一个，否则苍蝇俩人一平分，屁奖都捞不着。

最终我上交的苍蝇数排到了班里第三名，得到了一个粉红塑料皮的日记本。虽没拿到第一名的乒乓球拍，我已很满足了。得感谢副班长他父亲繁殖苍蝇实验以失败告终，还要感谢无名英雄我二姐，她最后把心爱的苍蝇大多都给了我。她提出用圆珠笔换我的日记本被我谢绝了。感谢归感谢，换本子免谈，这可是兄弟用无数生命抛头颅洒热血换来的呀！

后来一上厕所看到成百只苍蝇嗡嗡飞舞，我就欢欣鼓舞倍感亲切，可这活动只搞了一次就再没搞过。

爱国怎能只爱一次呢？卫生怎能只卫一次呢？

元宵节和大姐二姐逛工人文化宫，我看到广场上挂了好多彩色纸条，随风摇曳，每张纸条上都写了一行字。大姐去看歌舞演出了，我和二姐就念纸条上的谜语，二姐“嗷”一声尖叫，原来她猜出了一个。“一百减一”，答案是“白”字。我很快就明白了谜语的玩法，到处找字谜。我在一个写着“三口重叠，莫把品字猜”的字条下，思忖片刻就猜出是个“目”。二姐说不对。我气不过，踮着脚到兑奖处问询，兑奖处的大叔听了很讶异：哎呀行啊小伙儿。他从桌上抽下一大张铜版纸的巨幅年画，卷好递出来：奖你的。我接过年画，不敢相信这是真的。二姐说一百减一是不是“白”？唰！大叔又给卷了一张年画，递出来给了她。

这可把我们乐坏了，于是我们抱着年画再次冲进广场，我很快又猜出来几个，到兑奖处问，结果都对了，又得了四五张年画。虽然我刚上二年级，如“十五天”（胖），“多一半”（夕），草上飞（早），“他俩差点都当兵”（乒、乓），都仅用几秒钟就猜出了。最后我共猜对了十二个字谜，我姐只猜对了四个。后来我再去兑奖时，大叔没等我报答案就把我轰开了，他已不相信这些谜语是我自己猜的了。

当我们把厚厚一沓散发着刺鼻墨香的铜版纸年画抱回家，父母都惊呆了，他们不相信我的第一次猜谜就会如此成功。二姐跟他们说有一个谜语是“人人树立四化志”，我竟能猜出是“德”。父母都不解为何是“德”，我只好亲自解释：“人人”是“德”左半部的双人旁，德的右半部呢，是用“四”把“志”给化开了。我解释了两遍他们才懂。母亲直勾勾地看着我，一副恨不得要辞了药房的工作从此跟着我学国文的架势。父亲也连声嘟囔着尿炕的孩子果然是聪明啊！

夜里做了个梦，自己是举世无双的天才，长期受冷落如今终获认可。我们滕县也不是县城名，而是某个人的名字。滕县这人高傲得很，自恃天下文采无敌，可自从见了我之后，万念俱灰自愧弗如，竟绝望地一个劲往墙上撞，我想拉住滕县却怎么也拉不住他。滕县哭嚷着说我跟你没法比啊刘慧东，你就让我死了算了，结果他撞得满头是血摇摇欲坠，样子很吓人。

清晨醒来，褥子又湿了。想想昨天，再低头看看褥子，我一声叹息。爸爸却不在乎，昨天的好心情犹在延续，给我晾褥子时也是一路哼着“阿里山的姑娘美如水啊”而去。

父亲闲暇时爱写点医学小文章，报纸杂志上常可看到他的豆腐块。父亲字不行，写在稿纸上像蜘蛛开会，稿子常因编辑辨认不清而被退回。父亲想起了我，他写完文章就让我抄一遍。看着我工工整整的笔迹，父亲惊喜不已，他先把我抄的稿子拿到单位炫耀一圈然后再寄出，同事皆夸我的字好。父亲下班一插好车子就冲过来在我脸上猛亲一口，硬硬的胡茬刺得我大叫，我奋力把他推开。

就这样，我承担了父亲所有稿件的誊抄工作。一次父亲领了汇款单，心血来潮地把汇款单和私章给了我，让我去取，一元稿费算为对我的奖励。我心花怒放，盘算着让这一元巨款先圆我无数梦想的哪一个才好。

次日去邮局，排队排到我时，发现章丢了。回到家翻箱倒柜也没找到。怎么办?告诉父亲? 准挨一顿打。也许是太害怕了，接下来我做了件后悔一生的事，我竟从父亲衣兜里偷出了两块钱，到街上刻了个私章，到邮局把一元稿费取回。晚饭时父亲问我要章子，我一拿出来他就急了，原来的黄木的正方形章子变成了有机玻璃的扁章。他问我怎么回事，刻章的钱哪儿来的? 我编的瞎话经不起他，问到第三层就破绽百出了，只好招出实情。接下来自然是一通暴揍，母亲大姐二姐齐心协力把鬼哭狼嚎的我从父亲的鞋底下扯拽出来，二姐因此误挨了父亲一鞋底，委屈地蹲一旁抹眼泪，一家人饭都没吃好。

后来想想自己真是傻得可以，用偷钱刻章来弥补丢章子的过失，父亲怎能轻饶得了我? 傻 × 这个词用在我身上真的再恰如其分不过，估计发明这个词的语言学家定是目睹或听闻了我的事迹才偶发的灵感，造出这个普及华夏妇孺皆知的词。

那是我第一次偷家里的钱。挨打之后就悔改了吗?

没有，从此我偷得反而更勤了。

后记

童年是每一个人的终极心灵导师

每个人都应该写一本童年的书送给自己。

独居荒岛，只能带一本书，你会选哪本呢？要我说，与其读别人的书，不如动笔写自己的童年。一个人的所有人格密码都妙藏在童年里，童年其实是每一个人的终极心灵导师，与其探索世界不如探索自己的童年。无论我们事业有多骄人，若童年苍白空洞，人生终难圆满。一个没有童年的人，走到哪里都无异于独守荒岛啊。

写《遥远的童年》的过程，如溜进了时光隧道，心始终笼罩在温馨和伤感里，想想童年的那些玩伴邻居同学老师将永远地消失在视野，时光一逝不复还，须臾间沧海桑田，不禁清泪满腮。某年某月某日某时某地，曾有个再普通不过的孤独小孩，背着破书包，没头苍蝇般在天地间疯跑乱撞叫嚣打闹，心里渴望的，却是再寻常不过的人间烟火的温暖。

不断有人问我，四岁五岁的事情，你怎么就记得那么清楚呢？其实在写此书前，童年在我脑海里也仅有一两个片断而已，当我把这一两个写完了，第三个第四个已悄然浮现在记忆库，趁热打铁，我又飞快地写出了这些故事，第五第六第七个又冒出来了，好比河中的排网，当我们把它拎出水面，会看到上面挂着一长串跳跃的鱼儿，遥远的童年豁然清晰明朗，黑白成了彩色，风划过脸颊的凉意，邻家炒菜的呛人香气，直入肺腑……

七岁的我撅着嘴赖在母亲背后，百折不挠地讨要买冰棍的三分钱，她低头只顾用搓衣板洗着一大盆衣服，胳膊肘一下下捣在我的肚子上，逆光里，我清晰地看到她飘飞的头发竟是七彩的颜色……

童年并不遥远啊，是我们刻意在与之保持距离而已。世上没有一个人的童年是苍白的，是我们没勇气靠近它。几十年下来，我们个个混成了人精，唯一不精的，就是如何爱自己。童年里干尽了荒唐事，一纤一毫无不是走的真心，而今我们每天沿袭着别人的轨迹，连思想都是二手的，才是真荒唐。

此书若能启发读者穿越时光隧道潜入各自“遥远”的童年，酣畅淋漓地拥抱最熟悉又最陌生的那个小小的“我”，便是作者的最大野心了。